Amélie Nothomb

Metaphysik der Röhren

Roman

Aus dem Französischen von Wolfgang Krege

Diogenes

Titel der 2000
bei Albin Michel, Paris,
erschienenen Originalausgabe:
›Métaphysique des tubes‹

Umschlagfoto:
Amélie Nothomb als Kind,
nach einer Fotografie
von ihrer Mutter

www.diogenes.ch
150/02/44/1
ISBN 3 257 06299 0

Am Anfang war das Nichts. Und das Nichts war weder leer noch unbestimmt; es verlangte nach nichts anderem als sich selbst. Und Gott sah, daß es gut war. Für nichts auf der Welt hätte er irgend etwas erschaffen. Das Nichts genügte ihm nicht nur, es erfüllte ihn.

Gottes Augen waren ewig offen und starr. Wären sie geschlossen gewesen, hätte das nichts geändert. Es gab nichts zu sehen, und Gott sah nichts. Er war voll und dicht wie ein hartes Ei, mit dem er auch die runde Form und die Unbeweglichkeit gemein hatte.

Gott war die vollkommene Zufriedenheit. Er wollte nichts, erwartete nichts, bemerkte nichts, verleugnete nichts und interessierte sich für nichts. Das Leben war in solchem Maße erfüllt, daß es kein Leben war. Gott lebte nicht, er existierte.

Seine Existenz hatte keinen für ihn wahrnehmbaren Anfang gehabt. Manche großen Bücher beginnen mit einem Satz, der so unauffällig ist, daß man ihn sogleich vergißt und den Eindruck gewinnt, seit Anbeginn der Zeiten in diese Lektüre vertieft zu sein. Ebenso war es unmöglich, den Augenblick zu bemerken, in dem Gott zu existieren begann. Es war, als hätte es ihn schon immer gegeben.

Gott kannte keine Sprache und daher auch keine Gedanken. Er war Sattheit und Ewigkeit. Und all dies bewies untrüglich, daß Gott Gott war. Und dieser Beweis hatte nichts zu bedeuten, denn Gott war seine Göttlichkeit herzlich egal.

Die Augen der Lebewesen besitzen die erstaunlichste aller Eigenarten: den Blick. Es gibt nichts Einzigartigeres. Was ist der Blick? Er ist unfaßbar. Kein Wort trifft auch nur annähernd sein seltsames Wesen. Dennoch, der Blick existiert. Es gibt sogar wenig Wirkliches, das im gleichen Grade existiert.

Was ist der Unterschied zwischen Augen, die einen Blick haben, und solchen, die keinen haben? Der Unterschied hat einen Namen: das Leben. Das Leben beginnt mit dem Blick.

Gott hatte keinen Blick.

Gottes einzige Beschäftigungen waren Schluck- und Verdauungsvorgänge und, als deren unmittelbare Folge, Stuhlgang. Diese vegetativen Tätigkeiten durchliefen Gottes Körper, ohne daß er etwas davon merkte. Die Nahrung, immer die gleiche, übte keinen solchen Reiz aus, daß er sie hätte bemerken müssen. Nicht anders stand es um die Getränke. Gott öffnete alle Kanäle, in denen die festen und flüssigen Nährstoffe ihn durchlaufen konnten.

Darum wollen wir Gott in diesem Stadium seiner Entwicklung als die Röhre bezeichnen.

Es gibt eine Metaphysik der Röhren. Sławomir Mrożek hat über Röhren einiges gesagt, das man, je nachdem, zutiefst verstörend oder zum Schreien komisch finden kann. Vielleicht beides zugleich: Röhren sind die einzigartige Verbindung von Fülle und Leere, hohle Materie, eine Membran der Existenz um ein Bündel Inexistenz. Der Schlauch ist eine Art biegsame Röhre. Seine Geschmeidigkeit macht ihn nicht weniger rätselhaft.

Gott war weich wie ein Schlauch, dabei aber steif und träge, wie es seinem Wesen als Röhre gemäß war. Er kannte die absolute Ruhe des Zylinders. Er filterte das Universum und behielt nichts davon zurück.

Die Eltern der Röhre machten sich Sorgen. Sie konsultierten Ärzte, die diesen Fall eines Segments aus organischer Materie, das nicht zu leben schien, untersuchen sollten.

Die Ärzte betasteten es, klopften auf bestimmte Gelenke, um die Reflex-Mechanismen zu prüfen, und stellten deren Nichtvorhandensein fest. Die Augen der Röhre blinzelten nicht, als die Ärzte sie mit einer Lampe untersuchten.

– Dieses Kind schreit niemals, rührt sich niemals. Keinen Ton gibt es von sich, sagten die Eltern.

Die Ärzte diagnostizierten eine »pathologische Apathie«, ohne sich über den Widerspruch zwischen beiden Worten im klaren zu sein:

– Ihr Kind ist ein Gemüse. Sehr bedenklich!

Die Eltern waren erleichtert, denn sie fanden, das war eine gute Nachricht. Ein Gemüse, das hieß, es war lebendig.

– Es muß ins Krankenhaus, verfügten die Ärzte.

Die Eltern mißachteten diese Anordnung. Sie hatten schon zwei Kinder, die der menschlichen Gattung angehörten; sie fanden es daher nicht unerträglich, außerdem auch einen pflanzlichen Nachkommen zu haben. Sie waren darüber sogar beinahe gerührt.

Sie nannten es zärtlich »die Pflanze«.

Doch hatten sich alle geirrt. Denn das Leben der Pflanzen, Gemüse eingeschlossen, bleibt zwar für das menschliche Auge unsichtbar, aber Leben haben sie dennoch. Sie erschauern beim Herannahen eines Sturms, weinen vor Freude beim Anbruch des Tages, wappnen sich mit Verachtung gegen Mißhandlungen und stürzen sich in den Tanz der sieben Schleier zur Zeit der Bestäubung. Sie haben einen Blick, wie außer Zweifel steht, obwohl niemand weiß, wo sie ihre Pupillen haben.

Die Röhre hingegen war reine, schlichte Passivität. Nichts berührte sie, weder die Veränderungen der Jahreszeit, noch der Einbruch der Nacht, noch die hundert kleinen Tumulte des Tages, noch die großen unsäglichen Mysterien der Stille.

Die wöchentlichen Erdbeben in Kansai, bei denen ihre beiden älteren Geschwister vor Angst weinten, machten ihr keinen Eindruck. Mochten andere sich für die Richter-Skala interessieren. Eines Abends erschütterte ein Erdstoß der Stärke 5,6 den Berg, auf dem das Haus stand, und von der Decke fielen Platten der Täfelung auf die Wiege, in der die Röhre lag. Als man sie freilegte, war sie die Gleichgültigkeit selbst; ihre Augen sahen durch die Flegel hindurch, die sie unter den Trümmern störten, wo es so schön warm war.

Die Eltern amüsierten sich über das Phlegma ihrer Pflanze und beschlossen, sie auf die Probe zu stellen. Sie würden ihr nichts mehr zu essen und zu trinken geben, solange sie nicht selbst danach verlangte. Auf diese Weise würde sie dann am Ende doch gezwungen sein zu reagieren.

So gingen sie in die eigene Falle: Die Röhre nahm das Ausbleiben der Nahrung hin, wie sie alles hinnahm, ohne jede Spur von Mißfallen oder Einverständnis. Essen oder nicht essen, trinken oder nicht trinken, ihr war es egal. Sein oder nicht sein, das war für sie nicht die Frage.

Nach dem dritten Tag untersuchten die bestürzten Eltern sie genauer: Sie war ein wenig abgemagert, und ihre halboffenen Lippen waren ausgetrocknet, aber im übrigen schien sie keinen Schaden genommen zu haben. Sie verabreichten ihr ein Fläschchen mit Zuckerwasser, das sie ohne viel Eifer leerte.

– Dieses Kind hätte sich einfach sterben lassen, ohne zu klagen, sagte die entsetzte Mutter.

– Wir erzählen den Ärzten nichts davon, sagte der Vater. Die halten uns sonst für Sadisten.

Tatsächlich waren ihre Eltern keine Sadisten; sie waren nur darüber erschrocken, daß ihrem Sproß offenbar der Überlebensinstinkt fehlte. Flüchtig kam ihnen der Gedanke, daß das Kleine vielleicht keine Pflanze, sondern eine Röhre sei: eine unhaltbare Vorstellung, die sie sogleich verwarfen.

Die Eltern waren sorglose Gemüter, und die Fasten-Episode war bald wieder vergessen. Sie hatten drei Kinder: einen Jungen, ein Mädchen und eine Gemüsepflanze. Diese aparte Zusammenstellung gefiel ihnen um so besser, als die beiden älteren unablässig herumtobten, brüllten, sich zankten und jeden Tag neue Dummheiten erfanden, so daß man sie keine Sekunde aus den Augen lassen durfte.

Dergleichen Mühen wenigstens blieben den Eltern bei ihrem Jüngsten erspart. Man konnte es den ganzen Tag ohne Babysitter sich selbst überlassen und fand es dann abends noch in der gleichen Lage wie am Morgen. Man wechselte seine Windeln, fütterte es, und das war alles. Ein Goldfisch in einem Aquarium hätte ihnen mehr Umstände gemacht.

Außerdem wirkte die Röhre, abgesehen davon, daß sie keinen Blick hatte, ganz normal: Sie war ein schönes, ruhiges Baby, das man Gästen zeigen konnte, ohne rot zu werden. Andere Eltern waren sogar neidisch.

In Wahrheit war Gott die fleischgewordene

Trägheit – die stärkste von allen Kräften. Und die paradoxeste: Was wäre widersinniger als diese unwiderstehliche Macht, die von etwas, das sich nicht rührt, ausgeht? Die Kraft der Trägheit ist die Macht des Larvenhaften. Wenn ein Volk einen leicht zu erzielenden Fortschritt ablehnt, wenn ein von zehn Männern geschobenes Fahrzeug sich nicht von der Stelle bewegt, wenn ein Kind stundenlang vor dem Fernseher abschlafft, wenn eine nachweislich unsinnige Idee weiterhin Schaden stiftet: Dann entdecken wir schreckensstarr die ungeheure Macht des Unbewegten.

Von solcher Art war die Macht der Röhre.

Sie weinte niemals. Selbst im Augenblick der Geburt hatte sie keinen Schrei oder Klagelaut ausgestoßen. Sicherlich fand sie die Welt weder störend noch anziehend.

Anfangs hatte die Mutter versucht, ihr die Brust zu geben. Die Augen des Babys glänzten nicht beim Anblick der nährenden Brustwarze; obwohl es sie vor der Nase hatte, machte es keinen Annäherungsversuch. Ungeduldig schob seine Mutter sie ihm in den Mund. Gott saugte kaum daran. Da beschloß die Mutter, nicht weiter zu stillen.

Daran tat sie recht. Das Fläschchen entsprach besser dem Charakter der Röhre, die sich in dem zylindrischen Behälter wiedererkannte, während die Rundung der Brust in ihr keinerlei verwandtschaftliche Gefühle erweckte.

Also gab ihr die Mutter jeden Tag mehrmals das Fläschchen, ohne zu wissen, daß sie auf diese Weise die Verbindung zwischen zwei Röhren herstellte. Gottes Ernährung entsprach der Röhren-Installation.

»Alles fließt«, »alles ist Werden«, »man kann nicht zweimal in denselben Fluß steigen«, und so weiter. Der arme Heraklit hätte sich umgebracht, wäre ihm Gott begegnet, der die Negation seines flüssigen Weltbildes war. Hätte die Röhre über etwas wie eine Sprache verfügt, so hätte sie dem Denker aus Ephesos entgegnet: »Alles erstarrt«, »alles ist Trägheit«, »man steigt immer wieder in denselben Sumpf«, und so weiter.

Zum Glück ist keine Form von Sprache ohne die Bewegung vorstellbar, die einen ihrer ersten Antriebe bildet. Und keine Art des Denkens ist möglich ohne Sprache. Gottes philosophische Ideen waren daher weder denkbar noch mitteilbar; also konnten sie niemandem schaden, und das war gut so, denn andernfalls hätten sie die Moral der Menschheit für lange Zeit untergraben.

Die Eltern der Röhre waren belgische Staatsbürger. Folglich war Gott Belgier, was nicht wenige Katastrophen seit Anbeginn der Zeiten erklärt. Daran ist nichts verwunderlich: Adam und Eva sprachen flämisch, wie ein Dorfgeistlicher vor einigen Jahrhunderten schon wissenschaftlich bewiesen hat.

Für den Sprachenstreit der Belgier hatte die Röhre eine Patentlösung gefunden: Sie sprach nicht, hatte noch nie etwas gesagt, nie einen Mucks von sich gegeben.

Was ihren Eltern Sorge machte, war weniger ihr Stummbleiben als ihre Reglosigkeit. Sie wurde ein Jahr alt, ohne je den Versuch einer Bewegung auch nur angedeutet zu haben. Andere Kleinkinder machten schon die ersten Schritte, zeigten das erste Lächeln, taten zum ersten Mal dies und jenes. Gott aber tat unablässig zum ersten Mal gar nichts.

Dies war um so merkwürdiger, als er dabei wuchs. Seine körperliche Entwicklung war vollkommen normal; nur das Gehirn machte nicht mit. Die Eltern waren ratlos: Da hatten sie nun ein Nichts im Haus, das immer mehr Platz einnahm.

Bald wurde die Wiege zu klein. Man mußte die Röhre in das Gitterbett verlegen, in dem schon ihr Bruder und ihre Schwester geschlafen hatten.

– Diese Veränderung wird sie vielleicht aufwekken, hoffte die Mutter.

Die Veränderung veränderte nichts.

Seit Anbeginn der Welt schlief Gott im Zimmer seiner Eltern. Daß er sie nicht störte, war das mindeste, was man sagen konnte. Eine Zimmerpflanze hätte mehr Lärm gemacht. Er sah sie nicht einmal an.

Die Zeit wird von der Bewegung erfunden. Was sich nicht regt, sieht die Zeit nicht vergehen.

Die Röhre hatte keinerlei Bewußtsein von Dauer. Sie wurde zwei Jahre alt, aber ebensogut hätten es zwei Tage oder zwei Jahrhunderte sein können. Noch immer hatte sie die Lage nicht gewechselt oder es auch nur versucht: Sie lag auf dem Rücken, die Arme am Körper entlang ausgestreckt, wie ein kleiner Holzkloben.

Nun griff ihr die Mutter unter die Achseln und stellte sie auf die Füße; der Vater legte ihre kleinen Hände an die Stäbe des Gitterbetts, um sie auf die Idee zu bringen, daß sie sich daran festhalten könnte. Als sie das so errichtete Gebäude losließen, fiel Gott rückwärts hin und setzte unbeeindruckt seine Meditation fort.

– Sie braucht Musik, meinte die Mutter. Kinder lieben Musik.

Mozart, Chopin, Musik aus den *101 Dalmatinern*, Lieder der Beatles und der Klang der *shaku-*

hachi zeitigten im Empfinden Gottes die immergleiche Nullreaktion.

Die Eltern gaben es auf, eine Musikantin aus ihr machen zu wollen. Ebenso gaben sie es auf, sie zum Menschen machen zu wollen.

Der Blick ist eine Wahl. Wer etwas anblickt, entscheidet sich für dieses Ding und entzieht zwangsläufig dem übrigen Blickfeld seine Aufmerksamkeit. Insofern ist der Blick, der das Wesen des Lebens ausmacht, vor allem eine Ablehnung.

Leben heißt ablehnen. Wer alles annimmt, lebt so wenig wie der Abfluß eines Spülbeckens. Um zu leben, muß man fähig sein, die Mama, die sich über einen beugt, und die Zimmerdecke nicht mehr im gleichen Bild zu sehen. Man muß eines von beiden ausblenden, um sich entweder für die Mama oder für die Decke zu interessieren. Die einzig schlechte Wahl ist die Wahllosigkeit.

Gott hatte nichts abgelehnt, weil er nichts gewählt hatte. Daher lebte er nicht.

Kinder schreien bei der Entbindung. Dieses Schmerzgeheul ist schon eine Empörung. Daher beginnt das Leben mit der Geburt und nicht vorher, was auch immer manche behaupten mögen.

Die Röhre hatte bei der Entbindung nicht die Spur eines Dezibels von sich gegeben.

Trotzdem hatten die Ärzte sie für weder taub, noch stumm oder blind befunden. Sie war einfach ein Abfluß, zu dem der Stöpsel fehlte. Hätte sie sprechen können, so hätte sie unablässig ein und dasselbe Wort wiederholt: »Ja.«

Man treibt einen Kult mit der Regelhaftigkeit. Gern glaubt man, daß die Entwicklung der Menschen ein normaler und natürlicher Vorgang ist. Die menschliche Spezies wäre demnach von einer Art innerem biologischen Schicksal bestimmt, das dazu geführt hätte, daß man mit etwa einem Jahr aufhört, auf allen vieren zu krabbeln, oder daß man es nach einigen Jahrtausenden zum ersten Mal mit dem aufrechten Gang versuchte.

An Zufälle mag niemand glauben. Ob Pech, was schlimm genug ist, ob Glück, was noch schlimmer ist, Zufälle sind aus dem menschlichen Vorstellungsvermögen verbannt. Würde sich jemand zu sagen getrauen: »Durch Zufall habe ich mit etwa einem Jahr die ersten Schritte gemacht«, oder: »Es war Zufall, daß ein Mensch eines Tages den Zweibeiner gespielt hat«, so hielte man ihn sofort für einen Verrückten.

Die Theorie der Zufälle wird verworfen, weil sie den Gedanken erlaubt, daß alles ganz anders sein könnte. Die Leute lassen die Vorstellung nicht gelten, daß es einem einjährigen Kind gar nicht in den Sinn gekommen sein könnte, aufrecht zu gehen, denn das hieße die Möglichkeit einräumen, daß auch die Menschheit nicht unbedingt darauf hätte kommen müssen. Und wer wollte dies von einer so cleveren Spezies annehmen?

Die Röhre nun hatte es mit zwei Jahren noch nicht mal mit dem vierbeinigen Gang oder überhaupt mit irgendeiner Art von Bewegung versucht, ebensowenig wie mit dem Hervorbringen von Lauten. Die Erwachsenen schlossen daraus, daß sie in ihrer Entwicklung gestört sei. Niemals hätten sie daraus schließen können, daß das Baby noch keinen Zufall erlebt hatte, denn wer könnte glauben, daß ein Mensch vollkommen träg bliebe ohne einen Zufall?

Es gibt körperliche und geistige Zufälle. Das Auftreten der letzteren wird schlicht geleugnet; als Triebkräfte der Entwicklung werden sie nie erwähnt.

Nichts bestimmt nun aber die menschliche Entwicklung so grundsätzlich wie die geistigen Zufälle. Der geistige Zufall ist das Sandkorn, das irgendwie in die Auster des Gehirns eindringt, trotz allem Schutz durch die geschlossenen Muschelschalen der Schädelwände. Plötzlich gerät die weiche Masse im Innern des Schädels in Angst und Aufruhr, weil dieser Fremdkörper, der sich eingeschlichen hat, sie bedroht; und die Auster, die bis dahin friedlich dahinvegetierte, schlägt Alarm, versucht sich zu wehren. Sie erfindet eine wunderbare Substanz, das Perlmutt, umhüllt mit ihr das eingedrungene Partikel, um es sich einzuverleiben, und erzeugt auf diese Weise die Perle.

Es kommt auch vor, daß der geistige Zufall vom Gehirn selbst sekretiert wird: Dies sind die geheimnisvollsten und die folgenschwersten Zufälle. Eine Windung der grauen Masse gebiert absichtslos einen fürchterlichen Gedanken, eine entsetzliche Vorstellung – und binnen einer Sekunde ist es für immer aus mit dem inneren Frieden. Der Virus greift um sich. Unmöglich, ihn einzudämmen.

Unwiderstehlich sieht sich dann das Geschöpf aus seiner Starrheit herausgetrieben. Auf die furchtbare, gar nicht formulierbare Frage, wer es denn angegriffen habe, sucht und findet es tausend unzulängliche Antworten. Es macht die ersten Schritte, spricht die ersten Wörter, tut hundert unnütze Dinge, durch die es seinem Schicksal zu entgehen hofft.

Nicht nur entgeht es ihm keineswegs, es verschlimmert noch seine Lage. Je mehr es spricht, desto weniger versteht es, und je mehr es läuft, desto weniger kommt es von der Stelle. Sehr bald sehnt es sich nach seinem Larvendasein zurück, ohne daß es wagt, sich dies einzugestehen.

Es gibt jedoch auch Geschöpfe, die dem Gesetz der Entwicklung nicht unterliegen und denen kein schicksalhafter Zufall begegnet. Dies sind die klinischen Fälle. Solche Gemüsepflanzen werden von den Ärzten gelegentlich untersucht. In Wahrheit sind sie, was wir alle gern wären. Das Leben ist es, das als Funktionsstörung zu verstehen wäre.

Es war ein ganz gewöhnlicher Tag. Nichts Besonderes war geschehen. Die Eltern erfüllten ihre Elternpflichten, die Kinder spielten ihre Kinderrollen, und die Röhre konzentrierte sich auf ihr zylindrisches Dasein.

Dennoch wurde es der wichtigste Tag in ihrer Geschichte. Als solcher hat er keine Spur hinterlassen. So findet man auch in keinem Archiv dokumentiert, wann zum ersten Mal ein Mensch aufrecht stand oder wann einer zum ersten Mal begriff, was der Tod ist. Die wichtigsten Ereignisse in der Geschichte der Menschheit sind fast unbemerkt vorübergegangen.

Ganz plötzlich hallte das Haus von Gebrüll wider. Die Mutter und das Kindermädchen waren zuerst wie versteinert, dann suchten sie nach der Herkunft des Geschreis. War ein Affe eingedrungen oder ein Irrer aus einer Anstalt entkommen?

In höchster Verwirrung ging die Mutter in ihrem eigenen Zimmer nachsehen. Dort bot sich ihr ein verblüffender Anblick: Gott hatte sich in seinem Bett aufgesetzt und brüllte, wie ein zweijähriges Kind nur brüllen kann.

Die Mutter trat näher an die mythische Szene; sie erkannte nicht wieder, was seit zwei Jahren ein so friedliches Bild abgegeben hatte. Die großen Augen des Kindes waren sonst immer starr und weit offen gewesen, so daß ihr graugrüner Farbton leicht zu erkennen war; jetzt waren die Pupillen tiefschwarz, schwarz wie eine Landschaft nach einer Feuersbrunst.

Welche starke Glut hatte diese hellen Augen verbrennen und kohlschwarz färben können? Was war geschehen, das schrecklich genug war, das Kind aus seinem langen Schlaf zu wecken und es in eine solche Schreimaschine zu verwandeln?

Klar war nur, daß das Kind eine Wut hatte. Ein sagenhafter Zorn hatte es aus seiner Trägheit gerissen, und wenn auch niemand den Grund kannte, mußte er doch, so wie er sich äußerte, sehr gewichtig sein.

Hingerissen nahm die Mutter ihren Sproß in die Arme. Sie mußte ihn gleich wieder ins Gitterbett legen, denn er fuchtelte mit allen Gliedmaßen und drosch auf sie ein. Sie rannte durchs Haus und rief: »Die Pflanze ist keine Pflanze mehr!« Der Vater mußte kommen und das Phänomen an Ort und Stelle in Augenschein nehmen. Der Bruder und die Schwester wurden aufgefordert, ihrer Begeisterung über Gottes heiligen Zorn Luft zu machen.

Nach ein paar Stunden hörte er auf zu brüllen, aber seine Augen blieben schwarz vor Wut. Er sah die Menschheit um ihn herum höchst unfreundlich an. Erschöpft von so viel Ingrimm streckte er sich schließlich aus und schlief ein.

Die Familie applaudierte. Es schien etwas erfreulich Neues zu sein. Endlich zeigte das Kind, daß es lebendig war.

Wie soll man diese Spätgeburt zwei Jahre nach der Entbindung erklären?

Kein Gynäkologe wird das Rätsel lösen können. Es war, als hätte das Kind einer zweijährigen extrauterinen Verlängerung der Austragungszeit bedurft, um funktionsfähig zu werden.

Gut, aber woher dieser Zorn? Die einzig denkbare Ursache war ein geistiger Zufall. In seinem Gehirn mußte etwas aufgetreten sein, das ihm unerträglich erschien. Und in Sekundenschnelle war die graue Masse in Bewegung gekommen. Nervöse Impulse waren durch das träge Gewebe zirkuliert. Der ganze Körper hatte sich in Bewegung gesetzt.

So können, aus völlig unersichtlichen Gründen, die größten Reiche zerfallen. Pflegeleichte Kleinkinder, unbeweglich wie Statuen, können sich im Nu in fauchende Bestien verwandeln. Und am erstaunlichsten ist, daß ihre Familie dies freudig begrüßt.

Sic transit gloria tubi.

Der Vater war so aufgeregt, als wäre ihm ein viertes Kind geboren worden.

Er rief seine Mutter an, die in Brüssel wohnte.

– Die Pflanze ist erwacht. Steig gleich ins Flugzeug und komm her!

Die Großmutter sagte, bevor sie komme, müsse sie sich erst noch ein paar neue Kostüme machen lassen; sie war eine sehr modebewußte Dame. Dadurch verzögerte sich ihr Besuch um einige Monate.

Inzwischen begannen die Eltern der einstigen Gemüsepflanze nachzutrauern. Gottes Zorn wollte und wollte nicht verrauchen. Fast mußte man ihm sein Fläschchen hinwerfen, wenn man keinen Hieb abbekommen wollte. Manchmal beruhigte er sich für ein paar Stunden, aber man konnte nie wissen, was er dann im Schilde führte.

Das neue Szenario sah so aus: Man machte sich einen Augenblick, wo das Baby ruhig war, zunutze, um es in sein Laufställchen zu bringen. Zunächst betrachtete es mit stumpfem Blick die Spielsachen, die es umgaben.

Nach und nach packte es ein heftiger Mißmut.

Es bemerkte, daß diese Gegenstände außerhalb von ihm existierten und keinen Bedarf nach seiner Herrschaft zeigten. Das störte es, und es fing an zu schreien.

Andererseits hatte es schon beobachtet, daß die Eltern und ihre Satelliten mit dem Mund ziemlich genau artikulierte Laute hervorbrachten, ein Verfahren, das ihnen zu gestatten schien, die Dinge zu kontrollieren und sie sich zu eigen zu machen.

Das wollte es auch tun. Bestand nicht eines der wichtigsten göttlichen Vorrechte darin, allem in der Welt einen Namen zu geben? Es zeigte also mit dem Finger auf ein Spielzeug und öffnete den Mund, um es ins Dasein zu rufen; doch die Laute, die es hervorbrachte, bildeten keine zusammenhängenden Folgen. Darüber staunte es selbst am meisten, denn es hielt sich der Sprache für durchaus mächtig. Nachdem ihm das Staunen vergangen war, fand es diese Situation unerträglich demütigend. Der Zorn packte es, und schreiend machte es ihm Luft.

Seine Schreie hatten folgenden Sinn:

– Ihr bewegt die Lippen, und es kommt Sprache heraus. Ich bewege meine auch, und es kommt nur Lärm heraus. Unerträgliche Ungerechtigkeit! Ich werde so lange brüllen, bis aus dem Lärm Worte werden.

Und dies war die Deutung der Mutter:

– Mit zwei Jahren noch ein Baby zu sein, das ist nicht normal. Es ist sich über seinen Rückstand im klaren und ärgert sich.

Falsch: Gott war keineswegs zurückgeblieben. Den Rückstand gibt es nur im Vergleich. Gott verglich sich nicht. Er spürte Riesenkräfte in sich, und was ihn aufbrachte, war seine Unfähigkeit, sie zu gebrauchen. Sein Mund ließ ihn im Stich. Er zweifelte keine Sekunde an der eigenen Göttlichkeit, und es empörte ihn, daß die Luft seinen Lippen nicht gehorchte.

Die Mutter trat nah heran und sprach ihm einfache Worte vor, die sie überdeutlich artikulierte:

– Pa-pa! Ma-ma!

Er wurde wütend, weil sie wollte, daß er solche Albernheiten nachsprach. Wußte sie denn nicht, mit wem sie es zu tun hatte? Der Herr der Worte war er! Niemals würde er sich dazu herablassen, »Mama« und »Papa« nachzustammeln. Um sie unter Druck zu setzen, brüllte er noch lauter und garstiger.

Mit der Zeit dachten die Eltern immer wehmütiger an das Kind, wie es früher gewesen war. Hatten sie bei dem Wechsel etwas gewonnen? Hatten sie vorher einen seltsam ruhigen Sprößling gehabt, so hatten sie nun einen Dobermann-Welpen.

– Weißt du noch, wie hübsch sie war, unsere Pflanze, mit ihren großen, ruhigen Augen?

– Und wie gut wir da schlafen konnten!

Mit der Nachtruhe war es für sie nun aus: Gott war die Schlaflosigkeit in Person. Kaum zwei Stunden pro Nacht gab er Ruhe. Und sobald er nicht schlief, bekundete er seinen Zorn durch Schreien.

– Ist ja gut! schimpfte der Vater. Wir wissen ja, daß du zwei Jahre lang gepennt hast. Ist doch kein Grund, niemand anders mehr schlafen zu lassen.

Gott hielt es wie Louis XIV: Er duldete nicht, daß andere schliefen, wenn er nicht schlief, daß andere aßen, wenn er nicht aß, daß andere gingen, wenn er nicht ging, daß andere sprachen, wenn er nicht sprach. Vor allem das letztere trieb ihn zum Wahnsinn.

Die Ärzte verstanden den neuen Zustand so wenig wie den früheren. Aus der »pathologischen Apathie« war nun eine »pathologische Reizbarkeit« geworden, ohne daß irgendeine Analyse die Diagnose erklärte. Lieber beriefen sie sich auf eine Art gesunden Menschenverstand:

– Das ist eine Kompensation für die zwei letzten Jahre. Ihr Kind wird schließlich irgendwann zur Ruhe kommen.

»Wenn ich es nicht vorher zum Fenster rauswerfe«, dachte die erbitterte Mutter.

Die Kleider der Großmutter wurden fertig. Sie steckte sie in einen Koffer, ging noch mal zum Friseur und stieg in die Maschine Brüssel–Osaka, die die Strecke 1970 in etwas über zwanzig Stunden zurücklegte.

Die Eltern holten sie vom Flughafen ab. Sie hatten sich seit 1967 nicht mehr gesehen; der Sohn wurde umarmt, die Schwiegertochter beglückwünscht, Japan bestaunt.

Während der Fahrt in die Berge sprachen sie über die Kinder: Die beiden älteren machten sich prächtig, das dritte sei ein Problem. »Wir können nicht mehr!« Die Großmutter versicherte, das werde sich auch noch einrenken.

Von dem schönen Haus war sie begeistert. »Wie japanisch!« rief sie aus, als sie das Tatami-Zimmer und den Garten besichtigte, der sich zu dieser Zeit, im Februar, unter der Pflaumenblüte schon weiß färbte.

Den Bruder und die Schwester hatte sie seit drei Jahren nicht mehr gesehen. Sie bewunderte den Jungen mit seinen sieben und das Mädchen mit seinen fünf Jahren. Dann fragte sie nach dem dritten Kind, das sie noch nie gesehen hatte.

Niemand mochte sie in die Höhle des Ungeheuers begleiten. »Die erste Tür links, du kannst es nicht verfehlen.« Schon von draußen hörte man rauhes Gebrüll. Die Großmutter nahm etwas aus ihrer Reisetasche und betrat festen Schritts die Arena.

Zweieinhalb Jahre. Geschrei, Wut, Haß. Die Welt ist für Gottes Hände und seine Stimme außer Reichweite. Um ihn sind die Stäbe des Gitterbetts; Gott ist eingesperrt. Er möchte Schaden anrichten und kann es nicht. Er rächt sich am Laken und der Decke, die er mit Fußtritten traktiert.

Über ihm ist die Zimmerdecke mit ihren Rissen, die er auswendig kennt. Sie sind seine einzigen Gesprächspartner; zu ihnen also schreit er seine Verachtung hinauf. Man sieht, die Decke macht sich nichts daraus. Gott ist irritiert.

Plötzlich füllt sich das Blickfeld mit einem unbekannten und unidentifizierbaren Gesicht. Was ist das denn? Ein ausgewachsener Mensch, anscheinend vom gleichen Geschlecht wie die Mutter. Als die erste Überraschung vorüber ist, bekundet Gott sein Mißvergnügen durch ein langanhaltendes Knurren.

Das Gesicht lächelt. Das kennt Gott: Man will sich einschmeicheln. Das verfängt nicht. Er bleckt die Zähne. Das Gesicht läßt Worte aus seinem Mund fallen. Mit Boxhieben fängt Gott die Worte im Fluge auf. Seine geballten Fäuste hämmern auf die Laute ein und schlagen sie k.o.

Gott weiß, daß das Gesicht nachher versuchen wird, ihm die Hand entgegenzustrecken. Er kennt das, die Erwachsenen wollen immer mit den Fingern an sein Gesicht. Er beschließt, die Unbekannte in den Zeigefinger zu beißen. Darauf macht er sich gefaßt.

Tatsächlich, eine Hand kommt in Sicht, aber – o Schreck! – zwischen den Fingern ist ein weißliches Stäbchen. Gott hat so was noch nie gesehen und vergißt zu schreien.

– Das ist weiße Schokolade aus Belgien, sagt die Großmutter zu dem Kind, das sie zum ersten Mal sieht.

Von diesen Worten versteht Gott nur eines, »weiß«; das kennt er, von der Milch und den Wänden. Die anderen Vokabeln fehlen ihm, »Schokolade« und vor allem »Belgien«. Inzwischen ist das Stäbchen dicht vor seinen Lippen.

– Das kannst du essen, sagt die Stimme.

Essen – das kennt Gott. Essen ist etwas, das er oft macht. Essen, das ist das Fläschchen, der Brei mit Fleischstückchen, zerdrückte Banane mit geriebenem Apfel und Orangensaft.

Essen, das riecht man. Dieses weißliche Stäbchen hat einen Gott unbekannten Duft. Es riecht besser als Seife oder Salbe. Gott hat Angst, aber zugleich lockt es ihn. Er verzieht angewidert das

Gesicht, und vor Begierde läuft ihm das Wasser im Mund zusammen.

In einem Anfall von Mut schnappt er das neue Ding mit den Zähnen, kaut, aber das ist gar nicht nötig, denn es zergeht auf der Zunge, bedeckt den Gaumen und breitet sich im Mund aus – und das Wunder geschieht.

Die Wonne steigt ihm zu Kopf, zerreißt ihm das Hirn und läßt eine noch nie gehörte Stimme darin laut werden:

– Hier bin ich! Ich bin es, ich lebe. Ich bin es, ich spreche. Ich bin nicht »er« oder »es«, ich bin ich. Du darfst nicht mehr »er« sagen, wenn du von dir sprichst, du sollst »ich« sagen. Und ich bin dein bester Freund; wer dir Freude macht, bin ich.

So also wurde ich geboren, mit zweieinhalb Jahren, im Februar 1970, in dem Dorf Shukugawa in den Bergen von Kansai, unter den Augen meiner Großmutter väterlicherseits und dank der weißen Schokolade.

Die Stimme, die seither nicht mehr verstummt ist, sprach in meinem Kopf weiter:

– Das ist gut, das ist süß, das ist lecker, ich will mehr davon!

Ich schrie auf und biß von neuem in das Stäbchen.

– Die Freude ist ein Wunder, aus dem ich lerne,

daß ich ich bin. Ich – das ist der Sitz der Freude. Die Freude, das bin ich: Wo Freude ist, wird Ich sein. Keine Freude ohne Ich, kein Ich ohne Freude!

Das Stäbchen verschwand in mir, Bissen für Bissen. Die Stimme in meinem Kopf schrie immer lauter:

– Lebe mich! Ich bin enorm wie die Lust, die ich spüre und die ich erfunden habe. Ohne mich ist diese Schokolade gar nichts. Aber in meinen Mund gesteckt, wird sie Freude. Sie braucht mich.

Dieser Gedanke setzte sich in laute Rülpser um, die immer begeisterter klangen. Ich sperrte die Augen weit auf, ich strampelte vor Vergnügen mit den Beinen. Ich spürte, daß sich die Dinge einem weichen Teil meines Gehirns einprägten, das sie alle bewahren würde.

Stück für Stück war die Schokolade in mich eingegangen. Nun bemerkte ich, daß am Ende der verstorbenen Leckerei eine Hand war und daß am Ende der Hand ein von einem wohlwollenden Gesicht gekrönter Körper war. Die innere Stimme sagte:

– Ich weiß nicht, wer du bist, aber nach dem, was du mir zu essen gebracht hast, kannst du nicht übel sein.

Die zwei Hände hoben meinen Körper aus dem

Gitterbett, und ich befand mich in zwei unbekannten Armen.

Verblüfft sahen meine Eltern der Großmutter entgegen, die lächelnd ein braves, zufriedenes Kind in den Armen trug.

– Da seht ihr meine beste Freundin, sagte sie triumphierend.

Ich ließ mich geduldig von Arm zu Arm herumreichen. Mein Vater und meine Mutter fanden des Staunens kein Ende. Meine Metamorphose beglückte und irritierte sie. Mit der Großmutter stellten sie ein kleines Verhör an.

Die alte Dame hütete sich, ihnen zu verraten, welcher Geheimwaffe sie sich bedient hatte; sie zog es vor, das Mysterium in der Schwebe zu lassen. Man schrieb ihr exorzistische Fähigkeiten zu. Niemand sah voraus, daß der Dämon sich an seine Austreibung erinnern könnte.

Die Bienen wissen, daß nur der Honig die Larven am Leben Geschmack finden läßt. Sie könnten keine so eifrigen Pollensammlerinnen in die Welt setzen, wenn sie ihnen als Nahrung Brei mit Fleischwürfeln vorsetzten. Meine Mutter hatte gewisse Theorien über den Zucker, den sie für alle Gebrechen der Menschheit verantwortlich machte. Dennoch verdankt sie es dem »weißen Gift« (so nannte sie ihn), daß nun auch ihr drittes Kind von verträglicher Gemütsart ist.

Ich weiß, was ich sage. Mit zwei Jahren war ich aus meiner Starrheit erwacht, nur um zu erfahren, daß das Leben ein Jammertal ist, wo man gekochte Möhren mit Schinken ißt. Ich mußte mir veralbert vorkommen. Wozu um jeden Preis geboren werden wollen, wenn nicht, um Freude zu haben? Die Erwachsenen haben Zugang zu tausend Schwelgereien; doch den kleinen Kindern kann nur das Naschen die Pforten des Genießens öffnen.

Die Großmutter hatte dem wilden Tier mit Zukker das Maul gestopft, und so hatte es auf einmal begriffen, daß es für all den Ärger doch eine Rechtfertigung gab, daß Leib und Seele auch jubeln können und daß man weder der ganzen Welt noch sich selber verübeln mußte, daß man da war. Die Freude machte sich die Gelegenheit zunutze, ihrem Werkzeug einen Namen zu geben: »Ich« nannte sie es, und diesen Namen trage ich heute noch.

Seit sehr langer Zeit gibt es eine riesige Sekte von Schwachköpfen, die Sinnlichkeit für das Gegenteil von Intelligenz halten. Dies ist ein Teufelskreis: Sie enthalten sich des Genusses, um ihre intellektuellen Fähigkeiten zu steigern, mit der Folge innerer Verarmung. Sie werden immer dümmer – so dumm, daß sie sich in ihrer Überzeugung bestätigt finden, brillante Köpfe zu sein, denn nichts ist so hilfreich wie die Dummheit, wenn man sich für gescheit halten will.

Genuß macht bescheiden und läßt uns bewundern, was ihn ermöglicht hat; die Freude erweckt den Geist und treibt ihn, sei es zur Steigerung, in die Virtuosität, sei es zur Versenkung, ins Abgründige. Diese Magie ist so stark, daß in Ermangelung des Genusses schon die Vorstellung von ihm genügt. Aber die triumphierende Frigidität verdammt sich dazu, ihre eigene Nichtigkeit zu feiern.

Unter den Gebildeten trifft man Leute, die sich brüsten, sich seit fünfundzwanzig Jahren des einen oder anderen Vergnügens enthalten zu haben. Man trifft auch vollkommene Idioten, die stolz darauf sind, niemals Musik zu hören, niemals ein Buch aufzuschlagen oder niemals ins Kino zu gehen. Und es gibt auch solche, die hoffen, mit ihrer absoluten Keuschheit Bewunderung zu erregen. Offensichtlich befriedigen sie damit ihre Eitelkeit: Es ist die einzige Befriedigung, die ihnen das Leben gewähren wird.

Die Schokolade hatte mir mit der Identität auch ein Gedächtnis gegeben: Seit jenem Februar erinnere ich mich an alles. Wozu etwas behalten, woran man keine Freude gehabt hat? Die Erinnerung ist eine unentbehrliche Verbündete der Freude.

Eine so vollmundige Behauptung – »ich erinnere mich an alles« – wird bei niemandem Glauben finden. Egal. Bei einer solchen, ohnehin nicht nachprüfbaren Aussage scheint es mir weniger denn je auf die Glaubwürdigkeit anzukommen.

Gewiß, an die Sorgen meiner Eltern, ihre Gespräche mit Freunden usw. erinnere ich mich nicht. Aber von allem, was zählt, habe ich nichts vergessen: das Grün des Sees, in dem ich schwimmen lernte, den Duft des Gartens, den Geschmack des heimlich gekosteten Pflaumenschnapses und andere intellektuelle Entdeckungen.

Aus der Zeit vor der weißen Schokolade erinnere ich mich an nichts; ich muß mich daher auf die Aussagen meiner Angehörigen verlassen, die ich nach meiner Art umdeute. Die Informationen für die Zeit danach sind aus erster Hand: derselben Hand, die dies niederschreibt.

Ich wurde ein Kind, wie es sich Eltern erträumen: artig und aufgeweckt zugleich, still und aufmerksam, spaßig und nachdenklich, gehorsam und selbständig, begeisterungsfähig und mit einem großen Interesse fürs Metaphysische.

Meine Großmutter und ihre Süßigkeiten blieben nur einen Monat in Japan, doch das genügte. Die Vorstellung von Freude hatte mich in Bewegung gebracht. Meine Eltern waren erleichtert: Nachdem sie zuerst zwei Jahre lang eine Gemüsepflanze gehabt hatten und dann sechs Monate lang ein wildes Tier, hatten sie nun etwas mehr oder weniger Normales. Allmählich wurde ich mit einem Vornamen angeredet.

Es war nötig, wie man das nennt, »die verlorene Zeit aufzuholen« (ich fand nicht, daß sie verloren war). Mit zweieinhalb Jahren ist ein Mensch es sich schuldig, gehen und sprechen zu können. Ich fing also, menschlichem Brauch gemäß, mit dem Gehen an. Es war keine Hexerei: sich aufrichten, sich nach vorn fallen lassen, sich mit dem einen Fuß auffangen und dann denselben Tanzschritt mit dem anderen Fuß wiederholen.

Gehen war unbestreitbar nützlich. Es erlaubte eine Fortbewegung, bei der man die Landschaft besser sah als beim Krabbeln auf allen vieren. Und wer gehen kann, kann bald auch rennen. Zu rennen war fabelhaft, es ermöglichte, vor allerlei zu fliehen. Man konnte sich eines verbotenen Objekts bemächtigen und damit fliehen, ohne daß einen jemand sah. Rannte man weg, wurde man auch für die verwerflichsten Taten nicht bestraft. Es war das Verbum der Straßenräuber und der Helden allgemein.

Für das Sprechen stellte sich ein Problem der Etikette: Welches Wort sollte man als erstes von sich geben. Gern hätte ich mich für ein so unentbehrliches wie »Marron glacé« oder »Pipi« entschieden, oder auch für ein so schönes Wort wie »Pneu« oder »Scotch«, aber ich spürte, daß ich damit Anstoß erregt hätte. Eltern sind eine sehr empfindliche Art Menschen; man muß ihnen die klassischen Babywörter präsentieren, bei denen ihnen die eigene Wichtigkeit sinnfällig wird. Ich wollte nicht unangenehm auffallen.

Ich setzte also eine fromme und feierliche Miene auf und sprach zum ersten Mal die Laute aus, die ich im Kopf hatte.

– Ma-ma!

Die Mutter in Verzückung.

Und weil ich niemanden verärgern wollte, beeilte ich mich hinzuzufügen:

– Pa-pa!

Der Vater zeigte sich gerührt. Beide Erzeuger stürzten sich auf mich und bedeckten mich mit

Küssen. Ich fand, sie waren nicht weiter schwierig. Sie wären weniger begeistert gewesen, hätte ich mein Sprachdebüt mit einem Satz wie: »Wem gilt der Schlangen Zischen über eurem Haupt?« oder mit einer Formel wie »$E = mc^2$« gegeben. Soll man glauben, daß sie Zweifel an der eigenen Identität hatten? Waren sie denn nicht sicher, Papa und Mama zu heißen? Jedenfalls schien ihnen viel daran zu liegen, es von mir bestätigt zu hören.

Ich beglückwünschte mich zu meiner Wortwahl: Warum es kompliziert machen, wenn es auch einfach geht? Kein anderes erstes Wort hätte meine Erzeuger so sehr beseligen können. Nachdem ich nun den Höflichkeitspflichten Genüge getan hatte, konnte ich mich der Kunst und der Philosophie zuwenden: Die Wahl des dritten Wortes war viel aufregender, denn ich brauchte dabei allein qualitative Maßstäbe anzulegen. Diese Freiheit war so berauschend, daß sie mich ratlos machte; und es dauerte unsinnig lange, bis ich das dritte Wort hervorbrachte. Meine Eltern waren nur um so mehr geschmeichelt: »Sie wollte nur uns benennen – das war das einzig Dringliche.«

Sie wußten nicht, daß ich in meinem Kopf schon lange sprach. Allerdings ist es richtig, daß das hörbare Aussprechen etwas anderes ist; es verleiht dem Wort einen außerordentlichen Wert. Man spürt, daß das Wort freudig erregt ist, daß es ein Zeichen der Dankbarkeit darin sieht, wenn man ihm gibt, was man ihm schuldig ist, oder ihm huldigt. Die Vokabel »Banane« zu artikulieren, heißt den Bananen aller Jahrhunderte Ehre zu erweisen.

Ein Grund mehr, dies zu bedenken. Ich geriet in eine Phase intellektueller Sondierungen, die wochenlang anhielt. Auf den Fotos aus dieser Zeit mache ich ein so ernstes Gesicht, daß es schon wieder komisch ist. Der Grund war mein innerer Diskurs, der in existenziellen Bahnen verlief: »Schuh? Nein, der ist nicht das wichtigste; man kann auch ohne gehen. Papier? Ja, aber der Stift ist ebenso notwendig. Wie soll man zwischen Papier und Stift wählen? Schokolade? Nein, das ist mein Geheimnis. Ohrenrobbe? Ja, das ist herrlich, das klingt so gewählt, aber ist es wirklich besser als Kreisel? Kreisel, das ist wunderschön. Doch die Ohrenrobbe ist lebendig. Was ist besser: ein Kreisel, der sich dreht, oder eine Ohrenrobbe, die lebt? Im Zweifelsfalle Enthaltung. Harmonika? Klingt gut, ob es aber wirklich unentbehrlich ist? Brille? Nein, das ist drollig, aber zu nichts nütze. Xylophon?...«

Eines Tages kam meine Mutter ins Wohnzimmer mit einem langhalsigen Tier, dessen dünner, langer Schwanz in einer Steckdose endete. Sie drückte auf einen Knopf, und das Tier begann ein gleichmäßiges, ununterbrochenes Klagegeheul. Der Kopf begann sich auf dem Boden hin und her zu bewegen, wobei er Mamas Arm hinter sich herzog. Der Körper, dessen Pfoten Rollen waren, rückte manchmal ein Stück vor.

Es war nicht das erste Mal, daß ich einen Staubsauger sah, aber ich hatte noch nie bedacht, was es mit ihm auf sich hatte. Ich näherte mich ihm auf allen vieren, um mit ihm auf gleicher Höhe zu sein; ich wußte, daß man mit etwas, das man untersuchte, immer auf gleicher Höhe sein mußte. Ich folgte seinem Kopf und legte die Wange auf den Teppich, um zu sehen, was passierte. Es war ein Wunder: Der Apparat verschluckte die ihm begegnende materielle Realität und machte sie inexistent.

Er ersetzte das Etwas durch das Nichts: Diese Vertauschung konnte nur göttliches Werk sein.

Ich erinnerte mich undeutlich daran, vor noch nicht so langer Zeit Gott gewesen zu sein. Manchmal hörte ich im Kopf eine mächtige Stimme, die mich in ein unabsehbares Dunkel trieb und mir sagte: »Erinnere dich! Ich bin's, der in dir lebt. Erinnere dich!« Ich wußte nicht recht, was ich davon halten sollte, aber daß ich Gott war, erschien mir als höchst wahrscheinlich und überaus angenehm.

Nun war ich plötzlich einem Bruder begegnet, dem Staubsauger. Was konnte göttlicher sein als dies schlichte, reine Zunichtemachen? Auch wenn mir klar war, daß ein Gott nichts zu beweisen braucht, wäre ich doch gern imstande gewesen, ein solches Wunder, eine so metaphysische Arbeit auch zu verrichten.

»Anch'io sono pittore!« hat Correggio ausgerufen, als er Raffaels Bilder sah. In ähnlicher Begeisterung hätte ich fast ausgerufen: »Auch ich bin ein Staubsauger!«

Im letzten Augenblick fiel mir ein, daß ich meine Mittel sparsam einsetzen mußte. Man glaubte, ich verfüge nur über zwei Worte, und ich wollte mich nicht unglaubwürdig machen, indem ich ganze Sätze herausließ. Aber mein drittes Wort hatte ich nun.

Ohne länger zu warten, machte ich den Mund auf und artikulierte die drei Silben:

– Staubsauger!

Verblüfft ließ meine Mutter den Hals des Schlauchs fallen. Nach einer Schrecksekunde lief sie zum Telefon und rief meinen Vater an:

– Sie hat ihr drittes Wort gesagt.

– Und welches?

– Staubsauger!

– Gut! Wir machen aus ihr die perfekte Hausfrau.

Er muß ein wenig enttäuscht gewesen sein.

Mit dem dritten Wort hatte ich mir viel Mühe gegeben; also durfte ich beim vierten etwas weniger existenziell sein. In der Erwägung, daß meine zweieinhalb Jahre ältere Schwester eine liebe Person war, entschied ich mich für ihren Vornamen:

– Juliette! rief ich und sah ihr in die Augen.

Die Sprache kann Ungeheures bewirken. Kaum hatte ich den Namen mit lauter Stimme ausgesprochen, als wir auch schon eine wahre Leidenschaft füreinander faßten. Meine Schwester nahm mich in die Arme und drückte mich. Wie Tristan und Isolde durch den Liebestrank, so waren wir durch dieses Wort für immer vereint.

Daß ich als fünftes Wort den Vornamen meines Bruders wählte, der vier Jahre älter war als ich, kam nicht in Frage: Dieses üble Subjekt hatte einmal einen ganzen Nachmittag *Tim und Struppi* lesend auf meinem Kopf gesessen. Es machte ihm Freude, mich zu quälen. Zur Strafe verweigerte ich ihm seinen Namen. Auf diese Weise würde er nicht wirklich existieren.

Bei uns wohnte Nishio-san, mein japanisches Kindermädchen. Sie war die Güte selbst und verwöhnte mich stundenlang. Sie sprach nur japanisch. Ich verstand alles, was sie sagte. Mein fünftes Wort war also japanisch, denn ich nannte sie beim Namen.

Nun hatte ich schon vier Personen ihren Namen gegeben, und das machte sie jedesmal so glücklich, daß ich an der Bedeutung des Sprechens nicht mehr zweifeln konnte: Es bewies dem einzelnen, daß er da war. Ich schloß daraus, daß die Leute sich dessen nicht sicher waren. Sie mußten es erst von mir gesagt bekommen.

Diente das Sprechen also dazu, Leute zum Leben zu erwecken? Das war nicht sicher. Um mich her sprachen sie von morgens bis abends, ohne solche Wunder damit zu bewirken. Für meine Eltern zum Beispiel hieß sprechen Aussagen wie die folgenden machen:

– Ich habe Sowiesos für den 26. eingeladen.

– Wer sind denn Sowiesos?

– Hör mal, Danièle, die mußt du doch kennen! Wir haben schon zwanzigmal mit den Sowiesos zusammen gegessen.

– Kann mich nicht erinnern. Wer sind die Sowiesos?

– Du wirst sehen.

Ich hatte nicht den Eindruck, daß die Sowiesos durch solche Reden deutlicher ins Dasein traten. Im Gegenteil.

Für meinen Bruder und meine Schwester hieß sprechen etwa dies:

– Wo ist mein Lego-Kasten?

– Keine Ahnung.
– Du lügst! Du hast ihn genommen.
– Ist nicht wahr.
– Sagst du mir jetzt, wo er ist?
Und schon kriegten sie sich in die Haare. Sprechen war ein Vorspiel zum Kampf.

Wenn die sanfte Nishio-san zu mir sprach, geschah es oft, um mir mit dem japanischen Lachen, das dem Grauen vorbehalten ist, zu erzählen, wie in ihrer Kindheit ihre Schwester von dem Zug Kobe–Nishinomiya überfahren wurde. Jedesmal, wenn sie mir davon erzählte, töteten ihre Worte unfehlbar das kleine Mädchen. Sprechen konnte also auch dazu dienen, jemanden zu ermorden.

In der Untersuchung solcher lehrreicher Beispiele aus der Sprache der anderen kam ich zu folgendem Ergebnis: Sprechen konnte sowohl schöpferisch als auch zerstörerisch sein. Es war ratsam, mit dieser Erfindung sehr behutsam umzugehen.

Im übrigen hatte ich bemerkt, daß es auch einen harmlosen Gebrauch der Sprache gab. »Schönes Wetter, nicht?« oder: »Meine Liebe, Sie sehen aber blendend aus!« waren Sätze, die keinerlei metaphysische Wirkung erzielten. Man konnte sie bedenkenlos aussprechen. Man konnte sie sich sogar ersparen. Wenn man sie aussprach, dann sicherlich, um den Leuten zu signalisieren, daß man nicht vorhatte, sie zu töten. Es war wie mit der Wasserpistole meines Bruders. Wenn er auf mich schoß und verkündete: »Peng! Du bist tot«, fiel ich keineswegs tot um, sondern wurde nur bespritzt. Dergleichen Sprüche machte man, um zu zeigen, daß man seine Waffe nur mit Platzpatronen geladen hatte.

Und so versteht sich, daß mein sechstes Wort »Tod« hieß.

Im Hause herrschte eine unübliche Stille. Ich wollte wissen, was das bedeutete, und stieg die große Treppe hinab. Im Wohnzimmer war mein Vater und weinte: ein unvorstellbarer Anblick; ich habe ihn nie wieder weinen gesehen. Meine Mutter hielt ihn in den Armen wie ein Riesenbaby.

Sehr leise sagte sie zu mir:

– Dein Papa hat seine Mama verloren. Deine Großmutter ist tot.

Ich machte ein entsetztes Gesicht.

– Natürlich, fuhr sie fort, du weißt ja nicht, was das ist, der Tod. Du bist ja erst zweieinhalb.

– Tod! bestätigte ich im Ton einer Aussage, auf die es nichts zu erwidern gab, ehe ich kehrtmachte.

Tod! Als ob ich das nicht verstünde! Als ob meine zweieinhalb Jahre mich von ihm entfernten, wo ich ihm doch nahe war! Tod! Wer kannte ihn besser als ich? Was das Wort bezeichnete, hatte ich kaum erst verlassen. Ich kannte es noch besser als andere Kinder, hatte ich es doch über das Menschenmögliche hinaus verlängert. Hatte ich nicht zwei Jahre im Koma gelebt, soweit man im Koma leben kann? Was hatten sie denn gedacht, was ich so lange in meiner Wiege machte, außer mein Leben, außer die Zeit, außer die Angst, außer das Nichts, außer die Starrheit sterben zu lassen?

Der Tod, den hatte ich aus nächster Nähe betrachtet: Der Tod war die Zimmerdecke. Wenn man die Decke besser kennt als sich selbst – das nennt man den Tod. Die Decke ist dasjenige, was den Blick emporzusteigen und das Denken sich zu erheben hindert. Die Decke bedeckt eine Gruft; sie ist der Deckel auf dem Gehirn. Wenn der Tod eintritt, senkt sich ein riesiger Deckel auf die Hirnschale. Mir war etwas Außergewöhnliches passiert: Ich hatte dies in der Gegenrichtung durchlebt, in einem Alter, wo mein Gedächtnis wenn auch noch keine Erinnerung, so doch zumindest einen vagen Eindruck bewahren konnte.

Wenn die U-Bahn unter der Erde hervorkommt, wenn die schwarzen Vorhänge sich öffnen, wenn der Erstickungsanfall vorüber ist, wenn nur erwünschte Blicke uns wieder treffen, dann wird der Deckel des Todes abgehoben, und aus unserer Schädelgruft wird ein Gehirn unter freiem Himmel.

Wer auf die eine oder andere Weise dem Tod allzu nahe gekommen, aber von ihm zurückgekehrt ist, bringt seine Eurydike mit: Er weiß, daß etwas in ihm sich an den Tod nur allzu gut erinnert und daß es besser ist, ihm nicht ins Gesicht zu sehen. Denn wie eine Wohnung, wie ein Zimmer mit zugezogenen Vorhängen, wie die Einsamkeit ist der Tod zugleich furchtbar und verführerisch; man ahnt, daß einem dort wohl wäre. Sich gehen zu lassen würde genügen, um dieses innere Winterquartier zu erreichen. Eurydike ist so verlockend, daß man leicht vergißt, warum man ihr widerstehen muß.

Man muß es aus dem einzigen Grund, daß es von dieser Reise meistens keine Rückkehr gibt. Sonst müßte man es nicht.

Ich setzte mich auf die Treppe und dachte an die Großmutter mit der weißen Schokolade. Sie hatte dazu beigetragen, mich vom Tod zu befreien, und nun, so kurze Zeit später, war sie selbst an die Reihe gekommen. Es war, als hätte sie es so ausgehandelt, daß sie mein Leben mit dem ihren bezahlte. Ob sie es gewußt hatte?

Wenigstens lebt sie nun in meiner Erinnerung. Meine Großmutter hatte mein Gedächtnis bewohnbar gemacht. Was ihr zugute kommt: Sie ist darin noch ganz lebendig und trägt ihr Schokoladestäbchen wie ein Szepter vor sich her. Das ist meine Art, ihr zu entgelten, was sie mir gegeben hat.

Ich weinte nicht. Ich stieg wieder ins Zimmer hinauf, um mich dem schönsten Spielzeug von der Welt zu widmen: dem Kreisel. Ich hatte einen Kreisel aus Plastik, der es mit allen Wundern der Welt aufnehmen konnte. Ich ließ ihn kreiseln und folgte ihm stundenlang mit den Augen. Der Anblick seiner beharrlichen Rotation gab mir eine ernste Miene.

Was der Tod ist, wußte ich. Aber das genügte mir nicht, um ihn zu verstehen. Ich hatte Fragen über Fragen. Die Schwierigkeit war nur, daß ich offiziell erst über sechs Wörter verfügte, darunter null Verben, null Konjunktionen, null Adverbien: nicht leicht, mit diesem Wortschatz Erkundigungen einzuziehen. Gewiß, in Wirklichkeit, in meinem Kopf lag das nötige Vokabular bereit – aber wie sollte ich mit einem Mal von sechs zu sechstausend Wörtern übergehen, ohne daß mein Schwindel aufflog?

Zum Glück gab es eine Lösung: Nishio-san. Sie sprach nur japanisch, was ihre Gespräche mit meiner Mutter stark einschränkte. Mit ihr konnte ich insgeheim sprechen, hinter der Tarnkappe ihrer Sprache.

– Nishio-san, warum stirbt man?

– Was, du redest, du?

– Ja, aber sag es niemand! Es ist ein Geheimnis.

– Deine Eltern wären froh, wenn sie wüßten, daß du sprechen kannst.

– Ich will sie überraschen. Warum stirbt man?

– Weil Gott es so will.

– Glaubst du wirklich?

– Ich weiß nicht. Ich habe schon so viele Leute sterben gesehen: meine Schwester, als sie vom Zug überfahren wurde, meine Eltern bei den Bombenangriffen im Krieg. Ich weiß nicht, ob Gott es so gewollt hat.

– Warum stirbt man dann?

– Du meinst, deine Großmutter? Es ist normal zu sterben, wenn man alt ist.

– Warum?

– Wenn man viel erlebt hat, ist man müde. Für einen alten Menschen ist Sterben wie Schlafengehen. Es ist gut.

– Und Sterben, wenn man nicht alt ist?

– Das weiß ich auch nicht, warum das möglich ist. Verstehst du denn alles, was ich dir erzähle?

– Ja.

– Dann sprichst du japanisch, bevor du französisch sprichst?

– Nein, das ist ein und dasselbe.

Für mich gab es die verschiedenen Sprachen nicht, sondern nur eine einzige, allumfassende Sprache, aus der man nach Lust und Laune japanische oder französische Varianten herausgreifen konnte. Ich hatte noch nie eine Sprache gehört, die ich nicht verstand.

– Wenn das ein und dasselbe ist, wie erklärst du dir dann, daß ich nicht französisch spreche?

– Ich weiß nicht. Erzähle mir von den Bombenangriffen.

– Bist du dir sicher, daß du das hören willst?

– Ja.

Was sie erzählte, war ein Albtraum. 1945 war sie sieben Jahre alt. Eines Morgens fing es an, Bomben zu regnen. In Kobe war es nicht das erste Mal, bei weitem nicht. Aber an diesem Morgen hatte Nishio-san gespürt, daß man es auf ihre Familie abgesehen hatte, und sie irrte sich nicht. Sie blieb auf der Tatami liegen, in der Hoffnung, daß der Tod sie im Schlaf treffen werde. Plötzlich gab es dicht neben ihr eine so starke Explosion, daß sie sich zuerst in tausend Stücke zerrissen glaubte. Gleich darauf hatte sie, staunend, daß sie noch am Leben war, sich vergewissern wollen, ob ihre Glieder alle noch beisammen waren, aber etwas hatte sie daran gehindert. Es dauerte eine Weile, bis sie begriff, daß sie verschüttet war.

Dann hatte sie mit den Händen zu wühlen begonnen, nach oben, wie sie hoffte, aber sicher war sie nicht. Einmal war sie im Erdreich an einen Arm gestoßen. Sie wußte nicht, wem er gehörte, nicht mal, ob er überhaupt noch an einem Körper hing – gewiß war nur, daß der Arm herrenlos und daher tot war.

In der Richtung hatte sie sich geirrt. Sie hatte aufgehört zu wühlen, um zu horchen. »Ich muß auf den Lärm zuhalten: Dort ist Leben.« Sie hatte Schreie gehört und sich in deren Richtung durchzuwühlen versucht wie ein Maulwurf.

– Wie konntest du atmen? fragte ich.

– Ich weiß nicht. Irgendwie ging es. Es gibt ja auch Tiere, die da unten leben und doch atmen. Viel Luft bekam ich nicht, aber immerhin etwas. Willst du hören, wie es weiterging?

Ich bejahte begeistert.

Schließlich war Nishio-san ins Freie gelangt. »Dort ist Leben«, hatte ihr Instinkt ihr gesagt. Er hatte sie getäuscht: Dort war Tod. Zwischen den zerstörten Häusern lagen Teile von Menschenleichen. Sie hatte gerade noch den Kopf ihres Vaters erkennen können, bevor eine weitere Explosion sie von neuem tief unter den Trümmern begrub.

Im Schutze dieses Grabes hatte sie sich zuerst gefragt, ob sie nicht am besten dort bleiben sollte: »Hier bin ich immer noch am sichersten und muß nicht so viel Gräßliches mit ansehen.« Aber allmählich drohte ihr das Ersticken. Sie hatte sich in

Richtung auf den Lärm durchgewühlt, voller Angst vor dem, was sie wohl diesmal zu sehen bekäme. Ihre Sorge war unnötig: Sie sah gar nichts, denn kaum war sie im Freien, als sie schon wieder vier Meter unter den Boden versank.

– Ich weiß nicht, wie viele Stunden das gedauert hat. Ich wühlte und wühlte, und jedesmal, wenn ich herauskam, wurde ich gleich wieder bei einer Explosion verschüttet. Ich weiß auch nicht, warum ich mich trotzdem immer von neuem hocharbeitete; das war wohl stärker als ich. Ich wußte schon, daß mein Vater tot war und daß wir kein Haus mehr hatten; vom Schicksal meiner Mutter und meiner Brüder wußte ich noch nichts. Als der Bombenhagel aufhörte, konnte ich es gar nicht fassen, daß ich noch am Leben war. Beim Wegräumen der Trümmer kamen nach und nach die Leichen der Vermißten, ganz oder in Stücken, zum Vorschein, auch die meiner Mutter und meiner Brüder. Ich beneidete meine Schwester, die zwei Jahre vorher von dem Zug überfahren worden war, weil ihr diese Szenen erspart geblieben waren.

Nishio-san hatte wirklich schöne Geschichten zu erzählen; sie endeten immer mit zerstückelten Körpern.

Weil ich mein Kindermädchen mehr und mehr mit Beschlag belegte, beschlossen meine Eltern, eine zweite japanische Gouvernante zu verpflichten. Sie gaben im Dorf Shukugawa eine Anzeige auf.

Die Wahl wurde ihnen nicht schwergemacht: Nur eine Dame meldete sich.

So wurde Kashima-san die zweite Gouvernante. Sie war das Gegenteil der ersten. Nishio-san war jung, sanft und freundlich; sie war nicht hübsch und stammte aus einfachen Verhältnissen. Kashima-san war über fünfzig, von aristokratischer Schönheit und Abstammung. Ihr edles Gesicht sah mit Verachtung auf uns herab. Sie gehörte zum alten japanischen Adel, den die Amerikaner 1945 abgeschafft hatten. Fast dreißig Jahre lang war sie eine Prinzessin gewesen und hatte dann von heute auf morgen ohne Titel und ohne Geld dagestanden.

Seitdem lebte sie von niederen Arbeiten wie denen bei uns. Sie machte alle Weißen für ihre Erniedrigung verantwortlich und haßte uns allesamt. Ihre feinen Gesichtszüge und ihre stolze Magerkeit flößten Achtung ein. Meine Eltern sprachen mit ihr nur mit allen Zeichen des Respekts, wie mit einer großen Dame; sie ihrerseits sprach nicht mit ihnen und arbeitete so wenig wie möglich. Wenn meine Mutter bei irgend etwas ihre Hilfe erbat, seufzte

Kashima-san und warf ihr einen Blick zu, der besagte: »Für wen halten Sie sich?«

Die zweite Gouvernante behandelte die erste wie einen Hund, nicht nur wegen ihrer bescheidenen Herkunft, sondern auch, weil sie in ihr eine Verräterin sah, die mit dem Feind paktierte. Alle Arbeit überließ sie Nishio-san, die ein unseliger Instinkt zum Gehorsam gegen die Dame aus besseren Kreisen anhielt. Kashima-san beschimpfte sie bei jeder Gelegenheit:

– Du müßtest mal hören, wie du mit ihnen redest!

– Ich rede mit ihnen so, wie sie mit mir.

– Du hast überhaupt kein Ehrgefühl. Genügt dir das denn noch nicht, wie sie uns 1945 gedemütigt haben?

– Das waren doch nicht sie.

– Das ist alles eins. Diese Leute waren Verbündete der Amerikaner.

– Während des Krieges waren sie kleine Kinder, wie ich.

– Na und? Ihre Eltern waren unsere Feinde. Der Apfel fällt nicht weit vom Stamm. Was mich angeht, ich verachte sie.

– So was solltest du nicht vor der Kleinen sagen, sagte Nishio-san und deutete mit dem Kinn auf mich.

– Das Baby?
– Sie versteht, was du sagst.
– Um so besser.
– Aber ich liebe sie, die Kleine.

Sie sagte die Wahrheit; sie liebte mich ebensosehr wie ihre beiden Töchter, zwei Zwillingsschwestern im Alter von zehn Jahren, die sie niemals mit ihren Vornamen anredete, weil sie zwischen ihnen keinen Unterschied machte. Sie nannte sie immer *futago*, und ich habe dieses Dualwort lange für den Vornamen einer von beiden gehalten, weil die Pluralzeichen im Japanischen oft undeutlich sind. Einmal kamen die Mädchen ins Haus, und Nishio-san rief sie von weitem herbei:

»Futago!« Sie kamen angerannt wie siamesische Zwillinge, wobei mir der Sinn dieses Wortes aufging. Zwilling zu sein muß in Japan ein größeres Problem sein als anderswo.

Ich bemerkte bald, daß mein Alter mir einen besonderen Status verlieh. Für die Zeit, die mit der Geburt beginnt und mit dem Eintritt in den Kindergarten endet, ist man im Land der aufgehenden Sonne ein Gott, und Nishio-san behandelte mich entsprechend. Mein Bruder, meine Schwester und die *futago* waren über dieses heilige Alter schon hinaus; mit ihnen sprach man daher wie mit gewöhnlichen Menschen. Ich dagegen war eine *oko sama*, eine ehrenwerte kindliche Exzellenz, seine Hoheit, das Kind.

Wenn ich morgens in die Küche kam, kniete Nishio-san nieder, um mit mir auf gleicher Höhe zu sein. Sie schlug mir nichts ab. Wenn ich den Wunsch zeigte, von ihrem Teller zu essen, was oft vorkam, weil mir ihre Kost mehr zusagte als meine eigene, rührte sie ihre Portion nicht mehr an, bis ich fertig war, und aß dann erst weiter, sofern ich die Seelengröße gehabt hatte, ihr etwas übrigzulassen.

Eines Mittags kam meine Mutter mir dabei auf die Schliche und schimpfte mich streng aus. Dann schärfte sie Nishio-san ein, sich meine Tyrannei nicht länger gefallen zu lassen. Vergebliche Mühe: Kaum hatte Mama uns den Rücken gekehrt, da trat mein Vorzugsrecht wieder in Kraft. Und das hatte seinen Grund: *Okonomiyaki* (Pfannkuchen mit Kohl, Krabben und Ingwer) oder Reis mit *tsukemono* (Meerrettich in gelber Safranlake) waren weitaus verlockender als meine Fleischwürfel mit gekochten Möhren.

Es gab für mich also zwei Mahlzeiten, die eine im Eßzimmer, die andere in der Küche. Bei der ersten hielt ich mich zurück, um Platz für die zweite zu lassen. Sehr schnell wußte ich, mit wem ich es halten wollte: zwischen Eltern, die mich behandelten wie alle andern, und einem Kindermädchen, das mich vergötterte, fiel mir die Entscheidung nicht schwer.

Ich wollte Japanerin sein.

Und ich war Japanerin.

Mit zweieinhalb Jahren als Japanerin in der Provinz Kansai zu leben, hieß von Schönheit und Verehrung umgeben zu sein. Japanerin zu sein hieß sich zu sättigen am Übermaß des Blumendufts im regennassen Garten, sich auf den steinernen Rand des Teichs zu setzen, von fern die Berge zu betrachten, die so groß waren wie das Innere der eigenen Brust, inwendig den mystischen Singsang des Süßkartoffelverkäufers fortzusetzen, der gegen Abend unser Viertel durchquerte.

Als zweieinhalbjährige Japanerin konnte ich nur Nishio-sans Auserwählte sein. Zu jeder Zeit, wenn ich es wünschte, ließ sie alles stehen und liegen, um mich in die Arme zu nehmen, mich zu hätscheln und mir Lieder vorzusingen, die von jungen Kätzchen oder von blühenden Kirschbäumen handelten.

Immer war sie bereit, mir ihre Geschichten von zerstückelten Körpern zu erzählen, die mich so entzückten, oder die Sage von jener Hexe, die Menschen in ihren Kessel steckte, um Suppe zu kochen. Diese herrlichen Geschichten versetzten mich in einen Rausch der Begeisterung.

Sie setzte sich und wiegte mich wie eine Puppe. Ich machte eine Leidensmiene, nur weil ich getröstet werden wollte. Nishio-san tröstete mich ausgiebig in meinem nichtvorhandenen Kummer; unübertrefflich ging sie auf das Spiel ein, indem sie in meine Klagen mit einstimmte.

Dann fuhr sie mit zartem Finger meine Gesichtszüge entlang und pries deren Schönheit über jedes Maß; sie schwärmte von meinem Mund, meiner Stirn, meinen Wangen, meinen Augen und behauptete, noch nie eine Göttin mit so bewundernswertem Gesicht gesehen zu haben. Sie war eine liebe Frau.

Unermüdlich ruhte ich in ihren Armen und wäre gern immer dort geblieben, glücklich über ihre Anbetung. Und auch sie war glücklich, wenn sie mich so anbetete, was in gewisser Weise die Berechtigung und den hohen Rang meiner Göttlichkeit bewies.

Mit zweieinhalb Jahren wäre es idiotisch gewesen, keine Japanerin sein zu wollen.

Es war kein Zufall, daß ich meine Kenntnis des Japanischen früher aufgedeckt hatte als die meiner Muttersprache. Der Kult meiner Person stellte manche sprachlichen Anforderungen. Ich brauchte ein Idiom, in dem ich mich mit meinen Gläubigen verständigen konnte. Die Gläubigen waren zwar nicht sehr zahlreich, machten dies aber durch die

Inbrunst ihres Glaubens und durch ihre bedeutende Stellung in meinem Umkreis wett. Es waren Nishio-san, die *futago* und die Passanten.

Wenn ich an der Hand meiner Oberpriesterin auf der Straße promenierte, nahm ich gelassen den Beifall der gaffenden Menge entgegen; ich wußte, die Leute würden nie versäumen, in Rufe des Entzückens auszubrechen.

Diese Art des Kults aber gefiel mir nicht so gut wie die im Innern des Gartens. Dieser war mein Tempel. Ein Stück mit Blumen und Bäumen bewachsenen Landes, von einer Mauer umhegt: Nichts könnte besser mit der Welt versöhnen.

Der Garten des Hauses war ein japanischer Garten – ein nahezu pleonastischer Ausdruck. Es war kein Zen-Garten, aber sein Steinteich, seine Strenge und die Auswahl der Pflanzen verrieten das Land, das mehr als alle anderen dem Garten eine religiöse Bedeutung verliehen hat.

Es war der geographische Ort, in dem sich der Glaube an mich am stärksten verdichtete. Die hohen, von japanischen Ziegeln gekrönten Mauern, die den Garten umfriedeten, entzogen mich profanen Blicken und bewiesen, daß wir uns in einem Heiligtum befanden.

Wenn Gott nach einem Ort sucht, der als Symbol irdischen Glücks dienen kann, entscheidet er sich weder für die einsame Insel noch für den weißen Sandstrand, weder für das reife Weizenfeld noch für die grünende Alm. Er entscheidet sich für den Garten.

Ich war ganz seiner Meinung. Es gibt kein besseres Königreich. In der Hochburg des Gartens waren die Pflanzen meine Untertanen, die auf Befehl unter meinen Augen aufblühten. Es war der erste Frühling in meinem Dasein, und ich wußte noch nicht, daß diese Pflanzenjugend bald einen Gipfel erreichen und dann verfallen würde.

Eines Abends hatte ich zu einem Stengel mit einer Knospe drauf gesagt: »Blühe!« Am nächsten Tag war daraus eine voll entfaltete weiße Pfingstrose geworden. Kein Zweifel, ich hatte göttliche Kräfte. Ich sagte es Nishio-san, die mir nicht widersprach.

Seit der Geburt meines Gedächtnisses im Februar hatte die Welt nicht aufgehört zu sprießen. Die Natur feierte meine Thronbesteigung. Mit jedem Tag wurde der Garten üppiger. Eine Blume welkte nur, um irgendwo nahebei schöner wiedergeboren zu werden.

Wie mußten die Leute mir dankbar sein! Wie trübsinnig mußte ihr Leben verlaufen sein, bevor ich kam! Denn wer ihnen diese unzähligen Wunder gebracht hatte, war ich. Was wäre daher verständlicher gewesen als ihre Anbetung?

Dennoch, ein logisches Problem blieb in dieser Apologetik bestehen: Kashima-san.

Sie glaubte nicht an mich. Sie war die einzige Japanerin, die die neue Religion nicht annahm. Sie verabscheute mich. Nur die Grammatiker sind naiv genug zu glauben, daß die Ausnahme die Regel bestätigt. Ich glaubte es nicht, und der Fall Kashima-san irritierte mich.

Zum Beispiel ließ sie mich nicht von ihrem Teller essen, wenn ich in der Küche meine zweite Mahlzeit einnehmen wollte. Entrüstet über soviel Unverschämtheit hatte ich mit der Hand nach ihren Speisen gegriffen. Das trug mir eine Ohrfeige ein. Fassungslos weinend lief ich zu Nishio-san, in der Erwartung, daß sie die Ungläubige züchtigen würde. Nichts dergleichen geschah.

– Findest du das etwa normal? sagte ich empört.

– So ist Kashima-san nun mal.

Ich fragte mich, ob dies eine befriedigende Antwort war. Hatte man denn ein Recht, mich zu schlagen, nur weil man »nun mal« so war? Das war ein bißchen stark. Die Unverbesserliche sollte schwer dafür büßen, daß sie mir die Verehrung schuldig blieb.

Ich befahl, daß in ihrem Garten keine Blumen blühen sollten. Es sah nicht so aus, als ob ihr das Eindruck machte. Ich schloß daraus, daß ihr die

Reize der Botanik gleichgültig waren. In Wahrheit hatte sie gar keinen Garten.

Ich beschloß darauf, Milde walten zu lassen und sie zu verführen. Ich ging also mit einem großmütigen Lächeln auf sie zu und streckte ihr die Hand hin, wie Gott zu Adam an der Decke der sixtinischen Kapelle. Sie wandte sich ab.

Kashima-san wies mich zurück; sie leugnete mich! Wie es den Antichrist gibt, so war sie das Anti-Ich.

Tiefes Mitleid ergriff mich. Wie trostlos mußte es sein, mich nicht zu verehren! Das konnte man sehen: Nishio-san und meine anderen Gläubigen strahlten vor Glück, denn es tat ihnen wohl, mich zu lieben.

Kashima-san aber gab diesem sanften Bedürfnis nicht nach; ich konnte es an ihren edlen Gesichtszügen ablesen, in denen nichts als Härte und Ablehnung stand. Ich strich beobachtend um sie herum, auf der Suche nach dem Motiv für ihre geringe Zuneigung zu mir. Niemals hätte ich gedacht, daß der Grund bei mir liegen könnte, so fest war meine Überzeugung, von Kopf bis Fuß ein Juwel des Planeten zu sein. Wenn unsere aristokratische Hausgehilfin mich nicht mochte, dann war sie es, die ein Problem hatte.

Und ich fand heraus, welches. Lange und eingehende Beobachtung zeigte mir, daß sie an der Krankheit des Ansichhaltens litt. Jedesmal, wenn es eine Gelegenheit gab, sich zu freuen, zu genießen, zu jubeln oder sich zu amüsieren, zog sich ihr damenhafter Mund zusammen, und ihre Lippen wurden schmal: Sie hielt an sich.

Es war, als ob jedes Vergnügen ihrer unwürdig wäre. Als ob sie auf ihre Vornehmheit verzichten müßte, wenn sie sich freute.

Ich unternahm einige wissenschaftliche Experimente. Ich brachte Kashima-san die schönste Kamelie aus dem Garten, mit der Erklärung, daß ich sie eigens für sie gepflückt habe – ein durch die Lippen gepreßtes, trockenes Danke. Ich ließ ihr von Nishio-san ihr Lieblingsgericht zubereiten, ein köstliches *chawan mushi* – es wurde acht- und kommentarlos verzehrt. Als ich einen Regenbogen sah, lief ich zu Kashima-san, damit sie ihn mit mir bewunderte – sie zuckte die Achseln.

In meinem Edelmut beschloß ich nun, ihr den schönsten Anblick, der sich denken ließ, zu gewähren. Ich legte die Tracht an, die Nishio-san mir geschenkt hatte: einen kleinen Kimono aus rosa Seide, mit Seerosen verziert und mit einem großen roten *obi,* lackierte *geta* und einen Sonnenschirm aus purpurfarbenem Papier, auf dem ein Zug weißer Kraniche zu sehen war. Den Mund malte ich mir mit dem Lippenstift meiner Mutter dick an, und dann trat ich vor den Spiegel: kein Zweifel, großartig, wie ich aussah! Niemand konnte einer solchen Erscheinung widerstehen.

Zuerst ließ ich mich vom engsten Kreis meiner Gläubigen bewundern, die in die erwarteten Schreie ausbrachen. Flatternd wie ein rarer Schmetterling führte ich dann meine Pracht dem Garten vor, in Form eines rasenden Hüpftanzes. Bei der Gelegenheit vervollständigte ich meinen Putz noch durch eine große Pfingstrose, die ich mir wie einen zinnoberroten Hut aufsetzte.

So ausstaffiert, trat ich vor Kashima-san. Sie zeigte keine Reaktion.

Dies bestätigte meine Diagnose: Sie hielt an sich. Wie hätte sie es sonst fertiggebracht, bei meinem Anblick nicht in Entzückensschreie auszubrechen? Und wie Gott des Sünders erbarmte ich mich ihrer. Arme Kashima-san!

Hätte ich von Gebeten gewußt, ich hätte für sie gebetet. Aber ich sah kein Mittel, diese störrische Gouvernante in mein Weltbild einzufügen, und das ging mir gegen den Strich.

Ich erkannte die Grenzen meiner Macht.

Zu den Freunden meines Vaters gehörte ein vietnamesischer Geschäftsmann, der mit einer Französin verheiratet war. Infolge politischer Probleme, wie man sie sich für das Vietnam von 1970 leicht vorstellen kann, mußte er in aller Eile in sein Land zurückkehren. Seine Frau nahm er mit, aber ihr sechsjähriger Sohn, mit dem er sich lieber nicht belasten wollte, wurde für eine unbestimmte Zeit in der Obhut meiner Eltern gelassen.

Hugo, ein ruhiger, zurückhaltender Junge, gefiel mir, bis er sich auf die Seite des Feindes schlug: meines Bruders. Die zwei wurden unzertrennlich. Zur Strafe beschloß ich, ihn nicht Hugo zu nennen.

Auf französisch gebrauchte ich immer noch sehr wenige Worte, um den Umfang meines Vokabulars nicht zu verraten. Das wurde unhaltbar. Ich verspürte das Bedürfnis, so prägnante Dinge zu sagen wie: »Hugo und André sind zwei grüne Scheißhaufen.« Leider traute man mir die Fähigkeit zur Formulierung so geschliffener Aussagen nicht zu. Ich bremste mich mühsam mit dem Gedanken, daß den Jungen nichts entgehen würde, wenn sie noch etwas warten müßten.

Manchmal fragte ich mich, warum ich meinen Eltern das Ausmaß meiner Sprachbeherrschung verheimlichte. Warum die Macht, die es mir verleihen würde, verschmähen? Ohne etwas von der Etymologie des Wortes »infantia« zu wissen, spürte ich dunkel, daß ich, wenn ich spräche, nicht mehr in den Genuß mancher Rücksichten käme, die man auch den Magiern und den Geisteskranken entgegenbringt.

Im Süden Japans ist der April von lieblicher Milde. Die Eltern fuhren mit uns ans Meer. Den Ozean kannte ich schon sehr gut, denn wir waren an der Bucht von Osaka gewesen, die damals von Unrat strotzte; ebensogut hätte man in der Kanalisation schwimmen können. Daher fuhren wir zur anderen Seite des Landes, nach Tottori, wo mich die Schönheit des Japanischen Meeres gefangennahm. Die Japaner fassen dieses Meer als männlich auf, den Ozean dagegen als weiblich, eine Unterscheidung, die mich wunderte und die ich auch heute noch nicht verstehe.

Der Strand von Tottori war groß wie die Wüste Sahara. Ich durchquerte den Sandstreifen und kam ans Wasser. Das Wasser hatte ebenso Angst wie ich: Unablässig rückte es ein Stück vor und wich wieder zurück, wie es furchtsame Kinder tun. Ich machte es ihm nach.

Alle stürzten sich hinein. Meine Mutter rief mich. Ich getraute mich nicht, ihnen zu folgen, trotz des Reifens, den ich um den Leib trug. Mit Schrecken und Verlangen betrachtete ich das Meer. Mama kam und zog mich an der Hand hinein. Plötzlich wurde ich frei von der Erdenschwere. Die Flut packte mich und stemmte mich an die Oberfläche. Ich schrie laut auf vor Entzücken. Majestätisch wie der Saturn, mit meinem Schwimmreifen als Ring, blieb ich zwei Stunden lang im Wasser. Man mußte mich mit Gewalt herausholen.

– Meer!

Es war das siebente Wort.

Ich verzichtete sehr bald auf den Schwimmreifen. Es genügte, mit Armen und Beinen zu strampeln, um zu etwas Ähnlichem wie den Schwimmbewegungen eines Hündchens zu kommen. Weil das anstrengend ist, blieb ich lieber da, wo ich noch Boden unter den Füßen hatte.

Eines Tages geschah ein Wunder. Ich trat ins Meer und machte mich auf den Weg immer geradeaus, in Richtung Korea. Ich stellte fest, daß der Boden nicht weiter abfiel. Er hatte sich mir zuliebe gehoben. Christus konnte auf dem Wasser laufen, ich den Meeresboden ansteigen lassen: jedem sein Wunder. In meiner Begeisterung beschloß ich, trockenen Hauptes gleich bis zum Kontinent hinüberzulaufen.

Ich marschierte drauflos ins Unbekannte, unter den Füßen den weichen, entgegenkommenden Teppich. Ich ging und ging, entfernte mich mit Titanenschritten von Japan, im Gedanken, wie fabelhaft es doch war, über solche Kräfte zu verfügen.

Ich ging und ging – und plötzlich sank ich. Die Sandbank, die mich bis dahin getragen hatte, fiel ab. Ich hatte keinen Grund mehr, das Wasser verschlang mich. Ich versuchte hundepaddelnd wieder hochzukommen, aber jedesmal, wenn mein Kopf auftauchte, drückte eine Welle ihn wieder hinunter, wie ein Folterknecht, der mir ein Geständnis abpressen wollte.

Ich begriff, daß ich drauf und dran war zu ertrinken. Wenn ich die Augen über Wasser bekam, sah ich den Strand, der mir sehr weit entfernt zu sein schien: meine Eltern, die Siesta hielten, und andere Leute, die mir zuschauten, ohne sich zu rühren, getreu dem alten japanischen Grundsatz, niemals wem auch immer das Leben zu retten, denn man würde ihn sonst zu einer Dankbarkeit verpflichten, die ihn überfordern könnte.

Dieser Anblick eines Publikums, das bei meinem Tod zuschaute, war noch beängstigender als die Erwartung des Todes selbst.

Ich schrie:

– *Tasukete!*

Umsonst.

Ich sagte mir, daß jetzt nicht die Zeit sei, mich gegen das Französische weiter zu zieren, und übersetzte aus Leibeskräften brüllend den japanischen Hilferuf in meine Muttersprache:

– *Au secours!*

Vielleicht war dies das Geständnis, das die Wellen von mir erzwingen wollten: daß ich die Sprache meiner Eltern sprach. Diese aber hörten mich leider nicht. Die japanischen Zuschauer hielten sich so strikt an ihr Nichteinmischungsprinzip, daß sie es sogar unterließen, meine Erzeuger aufmerksam zu machen. Und ich sah, wie sie meinem Todeskampf interessiert zuschauten.

Bald hatte ich keine Kraft mehr, die Glieder zu bewegen, und ließ mich treiben. Mein Körper tauchte unter. Ich wußte, daß dies die letzten Sekunden meines Lebens waren, und wollte sie nicht versäumen. Ich versuchte die Augen zu öffnen, und was ich sah, entzückte mich. Noch nie hatte ich das Sonnenlicht so schön gefunden wie unter der Oberfläche des Meeres. Die Wellen vermehrten die glitzernden Strahlen.

Ich vergaß die Furcht vor dem Tod. Es kam mir vor, als wäre ich stundenlang dort geblieben.

Arme rissen mich heraus und brachten mich an die Luft. Ich atmete tief durch und sah, wer mich gerettet hatte: meine Mutter; sie weinte. Sie trug mich zum Strand, wobei sie mich fest an den Leib drückte.

Sie wickelte mich in ein Handtuch und rieb mir kräftig Brust und Rücken. Ich erbrach viel Wasser. Dann wiegte sie mich in den Armen und berichtete mir unter Tränen:

– Hugo hat dir das Leben gerettet. Er hat mit André und Juliette gespielt, als er, rein zufällig, deinen Kopf gesehen hat, wie er gerade unter Wasser verschwand. Er ist zu mir gekommen und hat mir gezeigt, wo du warst. Ohne ihn wärst du jetzt tot.

Ich sah den kleinen Eurasier an und sagte feierlich:

– Danke, Hugo, du bist nett.

Verblüfftes Schweigen.

– Sie kann sprechen! Sie kann ja sprechen wie eine Kaiserin! jubelte mein Vater, der von einem Augenblick zum andern vom Zittern nach dem beinah Geschehenen zum Lachen überging.

– Ich kann schon lange sprechen, sagte ich achselzuckend.

Das Wasser hatte seinen Zweck erreicht: Ich hatte gestanden.

Als ich neben meiner Schwester im Sand lag, fragte ich mich, ob ich denn froh war, nicht gestorben zu sein. Ich betrachtete Hugo wie eine mathematische Gleichung: ohne ihn kein Ich. Kein Ich – ob mir das gefallen hätte? »Wenn ich nicht da wäre, könnte ich nicht wissen, ob es mir gefiele«, sagte ich mir mit Hilfe der Logik. Ja, ich war froh, nicht gestorben zu sein, weil ich nur so wissen konnte, daß es mir gefiel.

Neben mir die hübsche Juliette. Über mir die prächtigen Wolken. Vor mir das wundervolle Meer. Hinter mir der unermeßliche Strand. Die Welt war schön, es lohnte sich zu leben.

Nach Shukugawa zurückgekehrt, beschloß ich schwimmen zu lernen. Nicht weit von unserem Haus lag in den Bergen ein kleiner grüner See, den ich auf den Namen Kleiner Grüner See taufte. Er war ein flüssiges Paradies, lauwarm, bezaubernd versteckt zwischen wuchernden Azaleen.

Nishio-san machte es sich zur Gewohnheit, jeden Morgen mit mir dorthin zu gehen. Ganz allein erfand ich die Kunst, wie ein Fisch zu schwimmen, immer mit dem Kopf unter Wasser, die Augen offen für die untergetauchten Geheimnisse, von deren Existenz ich erfahren hatte, als ich beinah ertrunken wäre.

Wenn mein Kopf auftauchte, sah ich ringsum die bewaldeten Berge. Ich war der geometrische Mittelpunkt eines Kreises voller Herrlichkeit, der sich unablässig erweiterte.

Dem Tode knapp entkommen zu sein, erschütterte nicht meine unausgesprochene Überzeugung, eine Gottheit zu sein. Warum sollten die Götter unsterblich sein? Inwiefern machte Unsterblichkeit einen zum Gott? Ist die Pfingstrose weniger erhaben, weil sie einmal welken wird?

Ich fragte Nishio-san, wer Jesus gewesen sei. Sie sagte, sie wisse es nicht genau.

– Ich weiß nur, daß er ein Gott ist, getraute sie sich zu sagen. Er hatte lange Haare.

– Du glaubst an ihn?

– Nein.

– Du glaubst an mich?

– Ja.

– Ich habe auch lange Haare.

– Ja. Und außerdem, dich kenn ich.

Nishio-san war wirklich gut; sie hatte gute Argumente.

Mein Bruder, meine Schwester und Hugo gingen auf die amerikanische Schule am Rokko-Berg. Unter Andrés Schulbüchern war eines mit dem Titel *My friend Jesus.* Ich konnte noch nicht lesen, aber es hatte auch Bilder. Gegen Ende sah man den Helden an einem Kreuz, mit vielen Leuten ringsum, die ihn betrachteten. Die Zeichnung faszinierte mich. Ich fragte Hugo, warum Jesus an dem Kreuz hänge.

– Damit er stirbt, antwortete er.

– Stirbt man davon, wenn man an einem Kreuz hängt?

– Ja. Weil er am Holz festgenagelt ist. Die Nägel, die töten ihn.

Diese Erklärung erschien mir annehmbar. Das Bild wurde durch sie nur noch interessanter. Jesus war also im Begriff, vor einer Menschenmenge zu sterben – und niemand rührte einen Finger, um ihn zu retten! Das erinnerte mich an etwas.

Auch ich hatte mich schon in dieser Lage befunden: Kurz vorm Verrecken den Leuten dabei zuschauen, wie sie einem zuschauen. Es hätte genügt, daß einer hingegangen wäre und die Nägel herausgezogen hätte, um den Gekreuzigten zu retten; es hätte genügt, daß einer mich aus dem Wasser geholt oder wenigstens meine Eltern verständigt hätte. In meinem Fall wie auch bei Jesus hatten die Zuschauer es vorgezogen, sich nicht einzumischen.

Sicherlich hatten die Menschen im Land des Gekreuzigten dieselben Grundsätze wie die Japaner: Jemandem das Leben zu retten hieße, ihn durch die Verpflichtung zu übertriebener Dankbarkeit zu versklaven. Besser, ihn sterben zu lassen, als ihm die Freiheit zu rauben.

Ich dachte nicht daran, diese Theorie anzufechten; ich wußte nur, daß es fürchterlich war zu spüren, wie man vor einem passiven Publikum stirbt. Und ich empfand eine tiefe Verbundenheit mit Jesus, denn ich war mir sicher, die Empörung mitzufühlen, die ihn in diesem Augenblick beherrschte.

Über diese Geschichte wollte ich mehr wissen. Da die Wahrheit in den rechteckigen Papierbüscheln der Bücher zu stecken schien, beschloß ich, lesen zu lernen. Als ich diesen Entschluß bekanntgab, lachte man mich aus.

Man nahm mich nicht ernst, also mußte ich es auf eigene Faust tun. Ich sah nicht, wo das Problem sein sollte. Ich hatte ganz von allein schon viel schwierigere Dinge gelernt: sprechen, gehen, schwimmen, herrschen und den Kreisel drehen.

Ich fand es vernünftig, mit einem *Tim und Struppi* anzufangen, weil es darin Bilder gab. Ich griff auf gut Glück einen heraus, setzte mich auf den Boden und blätterte. Ich könnte nicht erklären, wie es zuging, aber in dem Moment, als die Kuh durch eine Rohrleitung als Wurst aus der Fabrik kam, merkte ich, daß ich lesen konnte.

Ich hütete mich, anderen etwas von diesem

Wunder zu verraten, weil man meinen Wunsch, lesen zu lernen, ja lächerlich gefunden hatte.

April ist der Monat, in dem in Japan die Kirschbäume blühen. Dies wurde im ganzen Viertel abends mit *Sake* gefeiert. Nishio-san gab mir auch ein Glas: Ich schrie laut auf vor Freude.

Ich verbrachte ganze Nächte auf meinem Kopfkissen stehend, an die Stäbe des Gitterbetts geklammert, und blickte starr zu meinem Vater und meiner Mutter hinüber, als wollte ich eine zoologische Abhandlung über sie schreiben. Es wurde ihnen mehr und mehr unbehaglich. Der Ernst, mit dem ich sie betrachtete, schüchterte sie dermaßen ein, daß er sie um den Schlaf brachte. Sie machten sich klar, daß ich nicht mehr mit ihnen im gleichen Zimmer schlafen konnte.

Man verlegte mein Domizil in eine Art Dachkammer. Ich war entzückt. Die Zimmerdecke dort war mir unbekannt, und ihre Risse und Sprünge schienen mir von Anfang an viel ausdrucksvoller zu sein als die, deren Schlangenlinien ich nun zweieinhalb Jahre lang betrachtet hatte. Dort war auch ein Wust von Gerümpel, Gegenstände, die den Blick herausforderten: Kisten, alte Kleidungsstücke, ein zusammengelegtes aufblasbares Planschbecken, kaputte Tennisschläger und andere Wunderdinge.

Ich verbrachte viele schlaflose Stunden damit, mir den faszinierenden Inhalt der Kartons vorzustellen. Es mußten sehr schöne Dinge darin stecken, wenn man sie so gut verpackte. Ich konnte aber nicht aus dem Bett steigen, um nachzusehen; das Gitter war zu hoch.

Ende April wühlte eine weitere herrliche Neuerung mein Dasein auf: Das Fenster meines Zimmers wurde über Nacht offengelassen. Ich konnte mich nicht erinnern, je bei offenem Fenster geschlafen zu haben. Es war wunderbar. Ich konnte auf die rätselhaften Geräusche lauschen, die aus der schlafenden Welt aufstiegen, konnte sie deuten, ihnen Namen geben. Das Gitterbett stand längs der Wand unter dem Mansardenfenster, und wenn der Wind die Vorhänge bauschte, sah ich den violettroten Himmel. Der Anblick dieser Farbe raubte mir den Atem. Es war tröstlich zu erfahren, daß die Nacht nicht schwarz war.

Das liebste unter den Geräuschen war mir das helle und ferne Bellen eines unbekannten Hundes, den ich Yorukoe nannte, »Stimme des Abends«. Sein Geheul störte das ganze Viertel. Mich bezauberte es wie ein melancholischer Gesang. Gern hätte ich gewußt, warum er so verzweifelt war.

Durchs Fenster strömte die milde Nachtluft herein und ergoß sich über mein Bett. Ich sog sie tief ein, ich berauschte mich an ihr. Allein wegen dieses Sauerstoffreichtums war die Welt zu bewundern.

Mein Gehör und Geruchssinn waren in diesen

köstlichen Stunden der Schlaflosigkeit vollkommen aktiv. Die Versuchung, auch den Blick zu seinem Recht kommen zu lassen, wurde dadurch nur um so stärker. Dieses Fenster über mir war eine Provokation.

Eines Nachts konnte ich nicht widerstehen. Ich kletterte auf das Gitter des Betts hinauf und streckte die Hände so weit wie möglich nach oben: Sie reichten bis zum inneren Rand des Fensters. Beflügelt von diesem Erfolg, gelang es mir, meinen Körper bis zu diesem Halt hinaufzuziehen. Auf Bauch und Ellbogen gestützt, hatte ich endlich die nächtliche Landschaft vor Augen. Voller Bewunderung jubelte ich angesichts der großen, dunklen Berge, der schweren und majestätischen Dächer der Nachbarhäuser, der nächtlich leuchtenden Kirschblüten, der geheimnisvoll schwarzen Straßen. Ich beugte mich weiter hinaus, um die Stelle zu sehen, an der Nishio-san immer die Wäsche aufhängte, und es kam, wie es kommen mußte: Ich fiel.

Nun geschah ein Wunder: Ich hatte die Geistesgegenwart, die Beine zu spreizen, und meine Füße hakten sich in die beiden unteren Winkel des Fensterrahmens. Waden und Oberschenkel streckten sich über das leicht abfallende Dach, die Hüften ruhten auf der Regenrinne, Rumpf und Kopf hingen ins Leere.

Nachdem der erste Schreck verflogen war, gefiel mir mein neuer Aussichtsposten gar nicht übel. Mit viel Interesse betrachtete ich die Rückseite des Hauses. Ich schaukelte von links nach rechts und studierte die Ballistik des Spuckens.

Als meine Mutter am Morgen ins Zimmer trat, schrie sie entsetzt auf: Durchs Fenster über dem leeren Bett schauten zu beiden Seiten meine Füße herein. Sie zog mich an den Waden *intra muros* und versohlte mir auf denkwürdige Art den Hintern.

– Wir können sie nicht mehr allein schlafen lassen, es ist zu gefährlich.

Also wurde die Dachkammer meinem Bruder André zugesprochen, und statt seiner mußte von nun an ich das Zimmer mit meiner Schwester teilen. Dieser Umzug verwandelte mein Leben. So nahe bei Juliette zu sein, steigerte meine Zuneigung zu ihr bis zur Leidenschaft. Wir teilten das Zimmer für die nächsten fünfzehn Jahre.

Meine schlaflosen Stunden verbrachte ich nun mit dem Betrachten meiner schlafenden Schwester. Von den Feen, die an ihrer Wiege gestanden hatten, war ihr die Gnade des tiefen Schlummers verliehen worden, wie sie überhaupt in jeder Hinsicht begnadet war: Ungestört von meinem starr auf sie gehefteten Blick schlief sie mit einer Ruhe, die ich nur bewundern konnte. Den Rhythmus ihres Atems und die Melodie ihrer Seufzer lernte ich auswendig. Niemand kennt so gut den Schlaf eines anderen.

Zwanzig Jahre später las ich mit Erschauern dieses Gedicht von Aragon:

Nach Hause kam ich leise
wie ein Dieb geschlichen
Du warst im tiefen Schlaf
der Blumen schon verblichen
Dein Schweigen fürchte ich,
und atmest du auch gleich
Ich drücke dich ans Herz,
imaginäres Reich
Komm' ich zu dir, verstohlen,
ein besorgter Späher
Komm' ich mit jedem Schritt
dem eignen Echo näher
in tiefer Nacht
Ich komme insgeheim,
ein Lauscher an der Wand
Ich, den ein Rascheln schreckt
und den ein Flüstern bannt
in tiefer Nacht
Ich diene, wenn du ruhst,
nur dieser einen Klage

Nur dieser einen Angst,
die ich alleine trage
in tiefer Nacht
Denen in künftger Zeit,
Gazelle, sag, daß nur
Der Name Elsa gilt
als meine Signatur
in tiefer Nacht.

Ich brauchte nur den Namen Elsa durch Juliette zu ersetzen.

Sie schlief für uns beide. Wenn ich morgens aufstand, war ich munter und gut gelaunt, erfrischt durch den Schlaf meiner Schwester.

Der Mai fing gut an.

Rings um den Kleinen Grünen See flammten die Azaleen auf. Als wäre ein Funke ins Pulverfaß gefallen, entzündete sich der ganze Berghang. Von nun an schwamm ich mitten im schwellenden Rosarot.

Die Tagestemperatur stieg nicht über zwanzig Grad – paradiesisch! Ich war schon fast bereit, den Mai für einen prächtigen Monat zu halten, als der Skandal losbrach: Die Eltern stellten im Garten einen Mast auf, an dessen Spitze ein großer im Winde flatternder Fisch aus rotem Papier schwamm.

Ich fragte, was das sei. Man erklärte mir, es sei ein Karpfen zur Feier des Monats Mai, des Monats der Jungen. Ich sagte, ich sähe keinen Zusammenhang. Man antwortete, der Karpfen sei das Symbol der Jungen, und dergleichen Fischstandarten pflanze man bei den Häusern der Familien auf, die sich eines männlichen Sprößlings erfreuten.

– Und wann ist der Monat der Mädchen? wollte ich wissen.

– Gibt es nicht.

Mir versagte die Stimme. Was für eine himmelschreiende Ungerechtigkeit!

Mein Bruder und Hugo betrachteten mich mit spöttischer Miene.

– Warum ein Karpfen für einen Jungen? fragte ich weiter.

– Warum müssen kleine Kinder immer »warum« sagen? kam die Gegenfrage.

Ich ging fort, verärgert, von der Berechtigung meiner Frage überzeugt.

Natürlich hatte ich schon bemerkt, daß es einen Unterschied zwischen den Geschlechtern gab, aber das hatte mich nie gewundert. Es gab ja so viele Unterschiede auf Erden: zwischen Japanern und Belgiern (ich glaubte, daß alle Weißen Belgier seien, außer mir, denn mich hielt ich für eine Japanerin), zwischen Kleinen und Großen, Netten und Bösen usw. Frau und Mann schien mir nur ein Gegensatz unter vielen zu sein. Zum ersten Mal kam ich nun auf den Gedanken, daß es damit doch verflucht viel auf sich haben könnte.

Im Garten stellte ich mich an den Fuß des Mastes und betrachtete eingehend den Karpfen. Inwiefern erinnerte er eher an meinen Bruder als an mich? Inwiefern war die Männlichkeit etwas so Grandioses, daß man ihr eine Fahne und einen Monat widmete – noch dazu den lieblichen Monat, in dem die Azaleen blühen? Für die Weiblichkeit dagegen hatte man nicht mal ein Wimpelchen, nicht mal einen Tag übrig!

Ich gab dem Mast einen Fußtritt, der ihn nicht im mindesten erschütterte.

Ich war mir gar nicht mehr so sicher, daß der Monat Mai mir gefiel. Außerdem hatten Japans Kirschbäume schon die Blüten verloren; etwas wie ein Herbst des Frühlings war eingetreten. Die Frische war verflogen, und ein Stück weit entfernt sah ich zwei Büsche, die nicht wieder aufgelebt waren.

Mai war doch mit Recht der Monat der Jungen: Es war ein Monat des Verfalls.

Ich verlangte richtige Karpfen zu sehen, so wie ein Kaiser hätte fordern können, daß man ihm einen leibhaftigen Elefanten vorführte.

Nichts ist in Japan einfacher, als Karpfen zu sehen, besonders im Mai. Ihr Anblick ist kaum zu vermeiden. Wo immer es in einem Stadtpark ein Tümpelchen gibt, schwimmen darin Karpfen. Die *koi* sind nicht zum Verzehr bestimmt – das *sashimi* von ihnen wäre auch ein Albtraum –, sondern dazu, betrachtet und bewundert zu werden. Im Park die Karpfen anschauen zu gehen, ist eine ebenso kultivierte Beschäftigung wie der Besuch eines Konzerts.

Nishio-san ging mit mir ins Arboretum von Futatabi. Ich hielt den Kopf weit in den Nacken gelegt, verwirrt von der ungeheuren Pracht der japanischen Zedern, eingeschüchtert von ihrem Alter: Ich war zweieinhalb, sie waren zweihundertfünfzig, also buchstäblich hundertmal so alt wie ich.

Das Futatabi war ein botanisches Heiligtum. Selbst wenn man wie ich inmitten einer schönen Landschaft lebte, konnte man sich dem übermächtigen Eindruck dieser wohlgeordneten Natur nicht verschließen. Die Bäume schienen sich ihrer Würde bewußt zu sein.

Wir kamen zum Teich. Im Wasser wimmelte es von Farben. Ein Bonze kam gerade ans andere Ufer und warf Körner hinein; die Karpfen sprangen ihnen entgegen. Manche waren riesig. Es gab ein buntschillerndes Strudeln und Spritzen, von Stahlblau bis Orange, dazwischen Weiß und Schwarz, Silber und Gold.

Wenn man die Augen zusammenkniff, sah man nur das Gefunkel der Farben und konnte sich daran erfreuen; sperrte man die Augen aber weiter auf, ließ sich von den feisten Silhouetten nicht mehr absehen: Es waren Primadonnen-Fische, überernährte Priester der Zierfischzucht.

Im Grunde sahen sie aus wie lauter stumme Castafiores, verfettet und mit bunten Fetzen behangen. Farbenfrohe Kleidung unterstreicht noch die Lächerlichkeit eines Fettwanstes, ebenso wie eine grelle Tätowierung die Speckwülste hervortreten läßt. Es gab nichts Unschöneres als diese Karpfen. Es paßte mir nicht schlecht, daß sie das Symbol der Jungen waren.

– Sie werden über hundert Jahre alt, sagte mir Nishio-san im Ton höchsten Respekts.

Mir war nicht klar, was daran rühmlich sein sollte. Langlebigkeit ist kein Zweck an sich. Wenn eine japanische Zeder sehr alt wurde, so hieß das nur, daß ihrer Majestät angemessener Spielraum gewährt wurde, daß man ihr Zeit ließ, ihr Reich zu festigen und die ehrfürchtige Bewunderung zu erwecken, die einem solchen Monument der Kraft und Ausdauer gebührte.

Wenn aber ein Karpfen hundert Jahre alt wurde, so hieß das, daß er sich verfettet in seiner Lebensdauer dahintreiben ließ, bis sein schwammiges Fischfleisch im stehenden Wasser verschimmelte. Ein junger Fettwanst ist schlimm genug; noch abscheulicher ist ein alter.

Ich behielt meine Meinung für mich. Zu Hause versicherte Nishio-san meinen Leuten, daß mir die Karpfen ausgezeichnet gefallen hätten. Ich widersprach nicht. Schon die Vorstellung, ihnen meine Ansicht erklären zu müssen, ermüdete mich.

André, Hugo, Juliette und ich wurden zusammen gebadet. Die beiden schlaffen Zipfelchen erinnerten nicht im mindesten an Karpfen. Aber häßlich waren sie trotzdem. Vielleicht war ebendies die Gemeinsamkeit, auf die diese Symbolik sich gründete: etwas Abscheuliches an sich zu haben. Die Mädchen könnte man in einem so ekelhaften Tier nicht wiedererkennen.

Ich verlangte von meiner Mutter, daß sie mit mir ins »Apuarium« (Aquarium konnte ich merkwürdigerweise nicht aussprechen) von Kobe ging, eines der berühmtesten der Welt. Meine Eltern staunten über soviel Begeisterung für die Ichthyologie.

Ich wollte nur sehen, ob die Fische alle so häßlich waren wie die Karpfen. Lange musterte ich die Fauna in den großen Glasbecken: Die Tiere übertrafen einander an Reiz und Anmut. Manche waren bizarr wie abstrakte Kunst. Ein Modeschöpfer hätte an soviel untragbarer und dennoch zur Schau getragener Eleganz seine Freude gehabt.

Gegen mein Urteil gab es keine Berufung: Von allen Fischen der nichtswürdigste – der einzig nichtswürdige – war der Karpfen. Meine Mutter sah, wie ich frohlockte.

– Die Kleine wird noch mal Meeresbiologin, verkündete sie weitblickend.

Die Japaner hatten mit Recht dieses Viech zum Wahrzeichen des häßlichen Geschlechts ernannt.

Meinen Vater mochte ich, Hugo fand ich erträglich – immerhin hatte er mir das Leben gerettet –, aber mein Bruder schien mir der schlimmste aller Quälgeister zu sein. Der einzige Sinn seines Daseins bestand offenbar darin, mich zu quälen; das bereitete ihm ein solches Vergnügen, daß es zum Selbstzweck wurde. Wenn er mich stundenlang geärgert hatte, war es für ihn ein gelungener Tag. So sind offenbar alle großen Brüder; vielleicht sollte man sie ausrotten.

Mit dem Juni kam die Hitze. Ich war von nun an den ganzen Tag im Garten, nur zu den Schlafenszeiten verließ ich ihn mit Bedauern. Gleich am ersten Tag des Monats hatte man den Mast mit der fischigen Fahne entfernt: Die Jungen standen nicht mehr in Ehren. Mir war, als hätte man das Standbild von irgend jemandem abgerissen, den ich nicht mochte. Kein Karpfen schwamm mehr am Himmel. Der Juni war von Anfang an sympathisch.

Die Temperatur erlaubte jetzt Veranstaltungen im Freien. Man kündigte mir an, wir seien alle zu einer Aufführung eingeladen, bei der mein Vater singen würde.

– Papa kann singen?

– Er singt beim *Nō*.

– Was ist das?

– Du wirst sehen.

Ich hatte meinen Vater noch nie singen gehört. Bei seinen Übungen schloß er sich ein, oder er machte sie in der Schule bei seinem *Nō*-Lehrer.

Zwanzig Jahre später habe ich erfahren, durch welch einzigartigen Zufall mein Erzeuger, den nichts für eine solche Karriere vorbestimmte, zu einem *Nō*-Sänger geworden war. 1967 war er als belgischer Konsul nach Osaka gekommen. Es war sein erster asiatischer Posten, und der junge, dreißigjährige Diplomat hatte für dieses Land sofort Feuer gefangen. Japan wurde und blieb die große und nicht unerwiderte Liebe seines Lebens.

Mit dem Überschwang des Bekehrten machte er sich daran, alle Wunder des Kaiserreichs kennenzulernen. Da er die Sprache noch nicht beherrschte, ließ er sich von einer brillanten japanischen Dolmetscherin überallhin begleiten. Sie führte ihn herum und weihte ihn auch in die Anfangsgründe der verschiedenen japanischen Kunstformen ein. Als sie merkte, wie aufgeschlossen er war, kam sie auf die Idee, ihn mit einer der unzugänglichsten Traditionen der japanischen Kultur bekannt zu machen, dem *Nō*-Theater. Europäern war es damals noch völlig unbegreiflich, während ihnen das *Kabuki* schon einging.

Also besuchte sie mit ihm eine ehrwürdige *Nō*-Schule in Kansai, deren Leiter als ein »Lebender Nationalschatz« galt. Mein Vater glaubte sich um tausend Jahre in die Vergangenheit zurückversetzt. Dieses Gefühl verstärkte sich, als er die erste *Nō*-Aufführung hörte: Es schienen Urlaute aus den Eingeweiden der Zeit zu sein. Er verspürte denselben unbehaglichen Lachreiz, den die Nachbildungen prähistorischer Szenen in den Museen erregen.

Nach und nach begriff er, daß er es im Gegenteil mit dem höchsten Grad der Verfeinerung zu tun hatte, einer Kunst von unübertrefflicher Stilisierung und Eleganz. Das Ganze deshalb aber schön zu finden, wäre ein nächster Schritt gewesen, den er noch nicht tun konnte.

Trotz der beängstigend lauten Töne bewahrte er die entgegenkommende und sogar entzückte Miene des echten Diplomaten. Nach dem Ende der Rezitation, die wohlgemerkt einige Stunden dauerte, zeigte er keine Spur von der Langeweile, die er ertragen hatte.

Währenddessen hatte seine Anwesenheit die gesamte Schule in Verwirrung gestürzt. Der alte *Nō*-Lehrer kam schließlich zu ihm und sagte:

– Ehrenwerter Gast, dies ist das erste Mal, daß ein Fremder in diese Stätte eindringt. Darf ich Ihre Meinung über die Gesänge erfahren, die Sie gehört haben?

Die Dolmetscherin tat ihre Pflicht.

Ratlos in seiner Unwissenheit, brachte mein Vater nur ein paar freundliche Gemeinplätze über den Wert altüberlieferter Kultur, das reiche künstlerische Erbe dieses Landes und andere Dummheiten hervor, eine erbärmlicher als die andere.

Die erschrockene Dolmetscherin befand, solchen Stuß könne sie nicht übersetzen. Also äußerte sie in gewählten Worten statt der Ansicht meines Erzeugers ihre eigene, die einer gebildeten Japanerin.

Während sie »übersetzte«, bekam der alte Meister immer größere Augen. Was! Dieser einfältige Weiße, der erst seit kurzem im Lande war und zum ersten Mal *Nō* hörte, hatte schon das Wesen und die Feinheiten dieser höchsten aller Künste erkannt!

Mit einer Geste, wie man sie von keinem Japaner und erst recht nicht von einem Lebenden Nationalschatz erwarten würde, nahm er feierlich die Hand des Fremden und sagte:

– Ehrenwerter Gast, Sie sind ein Weiser! Ein außergewöhnlicher Mensch! Sie müssen mein Schüler werden.

Und weil mein Vater ein ausgezeichneter Diplomat ist, antwortete er sogleich unter Vermittlung der Dolmetscherin:

– Das wäre mein liebster Wunsch.

Die Folgen seiner höflichen Antwort konnte er nicht gleich ermessen; er dachte, dies würden leere Worte bleiben. Aber ohne lange zu fackeln, bestellte ihn der alte Meister sofort zu seiner ersten Lektion in die Schule, auf sieben Uhr früh am übernächsten Tag.

Ein Mann bei klarem Verstand hätte das Ganze noch am nächsten Tag durch einen Anruf seiner Sekretärin absagen lassen. Nicht so mein Erzeuger. Am übernächsten Tag stand er im Morgengrauen auf und ging zum anberaumten Unterricht. Der ehrwürdige Lehrmeister schien darüber nicht im mindesten erstaunt und unterwies ihn in aller Strenge, ohne jede Spur von Nachsicht, wohl in der Annahme, daß eine so große Seele die Ehre verdiente, hart angefaßt zu werden.

Am Ende der Lektion war mein armer Vater fix und fertig.

– Sehr gut, bemerkte der alte Meister. Kommen Sie morgen wieder zur gleichen Zeit.

– Nur... meine Arbeit im Konsulat beginnt um acht Uhr dreißig.

– Kein Problem. Kommen Sie doch um fünf Uhr morgens!

Beschämt gehorchte der Schüler. Jeden Tag ging er hin, unmenschlich früh für einen Mann, der auch tagsüber einen anstrengenden Beruf ausübte. Nur an den Wochenenden erlaubte er es sich, erst um sieben anzufangen, für ihn ein wahrer Luxus an Faulheit.

Der belgische Schüler fühlte sich erdrückt von diesem Monument der japanischen Zivilisation, in das man ihn einzufügen versuchte. Er, der sich, bevor er nach Japan kam, für Fußball und Radsport interessiert hatte, fragte sich, welchem tückischen Mißgriff des Schicksals er es verdankte, seine Existenz auf dem Altar einer so esoterischen Kunst opfern zu müssen. Es paßte zu ihm so wenig wie der Jansenismus zu einem Lebemann oder die Askese zu einem Vielfraß.

Darin irrte er. Der alte Meister behielt vollkommen recht. Nicht lange, und er hatte aus der breiten Brust des Fremden ein erstklassiges Organ hervorgeholt.

– Sie sind ein beachtlicher Sänger, sagte er zu meinem Vater, der inzwischen Japanisch gelernt hatte. Zur Vervollständigung Ihrer Ausbildung werde ich Sie nun also Tanzen lehren.

– Tanzen …? Aber, ehrenwerter Meister, schauen Sie mich doch an! stammelte der Belgier, auf seine schwere, plumpe Figur deutend.

– Ich sehe nicht, wo das Problem sein soll. Morgen früh um fünf fangen wir mit dem Tanzunterricht an.

Nach der Lektion am nächsten Morgen allerdings war der Meister seinerseits in Verlegenheit. Bei aller Geduld war es ihm in den drei Stunden nicht gelungen, meinem Erzeuger auch nur die einfachste Bewegung abzuringen, die nicht quälend tolpatschig gewesen wäre.

Bekümmert, aber höflich beendete der Meister den Unterricht mit den Worten:

– Wir machen bei Ihnen eine Ausnahme. Sie werden ein *Nō*-Sänger, der nicht tanzt.

Später, halbtot vor Lachen, versäumte der Meister nicht, seinen Choristen zu erzählen, wie es aussah, wenn ein Belgier sich bemühte, den Fächertanz zu erlernen.

Der miserable Tänzer wurde trotzdem ein zwar nicht staunenerregender, aber immerhin beachtlicher Künstler. Da er dieses Talent als einziger Ausländer der Welt besaß, wurde er in Japan berühmt unter dem Namen, der ihm geblieben ist: »Der *Nō*-Sänger mit den blauen Augen.«

Jeden Tag ging er während der fünf Jahre seines Konsulats in Osaka in aller Frühe zu dem dreistündigen Unterricht bei seinem ehrwürdigen Lehrmeister. Zwischen ihnen knüpfte sich das schöne Band der Freundschaft und Verehrung, das den Schüler mit dem *sensei* verbindet.

Mit zweieinhalb Jahren wußte ich nichts von dieser Geschichte. Ich hatte keine Ahnung, womit mein Vater seine Tage verbrachte. Abends kam er nach Hause. Wo er herkam, wußte ich nicht.

– Was macht Papa? fragte ich eines Tages meine Mutter.

– Er ist Konsul.

Wieder so ein unbekanntes Wort, dessen Bedeutung ich irgendwann wohl erfahren würde.

Der Nachmittag des angekündigten Schauspiels kam. Mit Hugo und ihren drei Kindern ging meine Mutter zum Tempel. Die rituelle *Nō*-Bühne war im Freien, im Garten der Schule aufgebaut worden.

Wie die anderen Zuschauer bekamen wir jeder ein hartes Kissen, auf dem wir knien konnten. Die Umgebung war sehr schön, und ich fragte mich, was wohl passieren würde.

Die Oper begann. Ich sah meinen Vater mit den gebotenen äußerst langsamen Bewegungen die Bühne betreten. Er trug ein herrliches Kostüm. Ich war mächtig stolz, einen so gutgekleideten Erzeuger zu haben.

Dann fing er an zu singen. Ich unterdrückte einen Ausdruck des Erschreckens. Was waren das für absonderliche, beängstigende Töne, die da aus seinem Bauch kamen? Was war das für eine unverständliche Sprache? Warum hatte die Stimme des Vaters diesen scheinbar wehklagenden Ton angenommen? Was war ihm zugestoßen? Ich hätte am liebsten geheult wie angesichts eines Unfalls.

– Was hat Papa nur? flüsterte ich meiner Mutter zu, die mir befahl, still zu sein.

Hieß das denn Singen? Wenn Nishio-san mir Abzählverschen vorsang, das gefiel mir. Aber die Töne, die da aus dem Mund meines Vaters kamen – ob die mir gefielen, wußte ich nicht; ich wußte nur, daß sie mich erschreckten, mir Angst machten und daß ich mich fortwünschte.

Viel später, sehr viel später erst habe ich das *Nō* schätzen, es bewundern gelernt wie mein Erzeuger, dem es zu einer wahren Leidenschaft wurde, nachdem er einmal gelernt hatte, es zu singen. Aber der unvorbereitete und ehrliche Fremde, der zum ersten Mal *Nō*-Gesang hört, kann nicht umhin, ein tiefes Unbehagen zu empfinden, ähnlich dem Geschmack der scharfen, in Salzlake eingelegten Pflaume, die zu einem traditionellen japanischen Frühstück gehört.

Ich durchlebte einen schrecklichen Nachmittag. Auf die anfängliche Angst folgte die Langeweile. Die Oper dauerte vier Stunden, in denen rein gar nichts passierte. Ich fragte mich, warum wir da waren. Anscheinend war ich nicht die einzige, die sich das fragte. Hugo und André zeigten, daß es sie anödete, und Juliette war einfach auf ihrem Kissen eingeschlafen. Ich beneidete sie um dieses Glück. Sogar meine Mutter unterdrückte einige Male nur mit Mühe ein Gähnen.

Kniend, weil er nicht zu tanzen brauchte, psalmodierte mein Vater seine nicht enden wollenden Rezitative. Ich hätte gern gewußt, was in seinem Kopf vorging. Das japanische Publikum ringsum hörte unerschütterlich zu, ein Zeichen, daß er gut sang.

Bei Sonnenuntergang kam das Stück endlich zum Abschluß. Der belgische Sänger stand auf und verließ die Bühne viel schneller, als die Tradition vorsieht, und zwar aus einem technischen Grund: Dem Körper eines Japaners bereitet es keine Schwierigkeit, stundenlang zu knien; meinem Vater aber waren die Beine fest eingeschlafen. Es blieb ihm nichts anderes übrig, als in die Kulissen zu eilen, wo er sich ungesehen ausstrecken konnte. Ohnehin kommt im *Nō*-Theater der Sänger nachher nicht noch mal auf die Bühne, um Applaus zu ernten, der übrigens auch nur spärlich bemessen wird. Einem Künstler zu applaudieren, der grüßend vor sein Publikum tritt, erschiene dort als Gipfel der Geschmacklosigkeit.

Am Abend fragte mich mein Vater, wie mir die Vorstellung gefallen habe. Ich antwortete mit einer Gegenfrage:

– Macht man das, wenn man Konsul ist? Singen? Er lachte.

– Nein, das nicht.

– Was ist das dann, Konsul?

– Das ist schwer zu erklären. Ich sag es dir, wenn du größer bist.

»Da steckt doch was dahinter«, dachte ich. Es mußte etwas Kompromittierendes dabei sein.

Wenn ich *Tim und Struppi* aufgeschlagen auf den Knien hatte, wußte niemand, daß ich las. Man glaubte, ich würde nur die Bilder anschauen. Insgeheim las ich die Bibel. Das Alte Testament war unverständlich, aber im Neuen standen Sachen, die mich ansprachen.

Mir gefiel der Abschnitt, wo Jesus der Sünderin Maria Magdalena vergibt, obwohl mir nicht klar war, worin ihre Sünde bestanden hatte; doch diese Einzelheit war mir gleichgültig. Ich liebte es, wie sie sich vor ihm auf die Knie warf und ihm mit ihren langen Haaren die Füße abtrocknete. Ich hätte es gern gehabt, wenn man das mit mir machte.

Die Temperatur schoß in die Höhe. Mit dem Juli begann die feuchte Jahreszeit. Es regnete nun fast jeden Tag. Der laue, herrliche Regen entzückte mich von Anfang an.

Mit Begeisterung blieb ich ganze Tage lang auf der Terrasse und schaute zu, wie der Himmel gegen die Erde tobte. In diesem kosmogonischen Zweikampf machte ich den Schiedsrichter und zählte die Punkte. Die Wolken waren viel prächtiger als der

Erdboden, und doch trug dieser immer den Sieg davon, denn er war der große Meister der Trägheit. Wenn er die schönen regenschweren Feindinnen heranfliegen sah, brummte er sein Leitmotiv vor sich hin:

– Los, verdrisch mich doch, verschieß dein Pulver, gib Gas, mach mich platt, ich sag nichts, ich stöhne nicht, niemand kann so viel einstecken wie ich, und wenn du gar nicht mehr da bist, weil du mir zu lange draufgespuckt hast, dann bin ich immer noch da!

Manchmal verließ ich die überdachte Terrasse, um mich auf das Opfer zu legen und sein Los zu teilen. Ich wählte den faszinierendsten Moment, den eines Platzregens – Höhepunkt eines Boxkampfs, die heiße Phase, wenn der Angreifer die Schläge pausenlos an den Kopf des Gegners hageln läßt, mit Geräuschen wie von knackendem Gebein.

Ich versuchte die Augen offen zu behalten, um dem Feind ins Gesicht zu sehen. Er war unglaublich schön. Es machte mich traurig zu wissen, daß er früher oder später unterliegen mußte. In diesem Duell wußte ich, auf wessen Seite ich stand. Als Schiedsrichter war ich bestochen. Obwohl ich auf der Erde wohnte, war ich für die Wolken; sie waren so viel verführerischer. Ohne Zögern hätte ich den Boden verraten.

Nishio-san kam mich holen und zwang mich, wieder unter dem Terrassendach Schutz zu suchen.

– Du bist verrückt, du wirst krank werden!

Während sie mir die nassen Kleider auszog und mich in einem Tuch trockenrieb, blickte ich in den Wasservorhang hinaus, der sein pleonastisches Bemühen fortsetzte: den Boden zu Boden zu strecken. Es war, als ob ich in einer gigantischen Autowasch-Anlage wohnte.

Es kam vor, daß der Regen die Oberhand behielt. Einen solchen zeitweiligen Sieg nannte man Überschwemmung.

Im ganzen Stadtviertel stieg der Wasserstand. Diese Erscheinung trat in Kansai jeden Sommer auf und wurde nicht als Katastrophe betrachtet; sie war ein voraussehbares Ritual, auf das man sich einrichtete, indem man zum Beispiel die *o-mizo* (die ehrenwerten Gullys) auf den Straßen weit offenstehen ließ.

Im Wagen mußte man langsam fahren, um allzu starken Bächen auszuweichen. Ich kam mir vor wie in einem Schiff. Die Regenzeit entzückte mich in mehr als einer Hinsicht.

Der Kleine Grüne See hatte seine Fläche fast verdoppelt und verschlang die Azaleen seiner Umgebung. Ich hatte zweimal soviel Platz zum Schwimmen und fand es komisch, manchmal ein Blumenbüschel unter den Füßen zu spüren.

Eines Nachmittags, als sich das Wetter vorübergehend beruhigt hatte, wollte mein Vater in der Nachbarschaft spazierengehen.

– Kommst du mit? fragte er und streckte mir die Hand entgegen.

Da konnte ich nicht nein sagen.

Wir gingen also zu zweit durch die überschwemmten Straßen. Ich liebte die Spaziergänge mit meinem Vater, denn dabei war er in Gedanken versunken und ließ mich alle Dummheiten machen, die mir in den Sinn kamen. Meine Mutter hätte mir nie erlaubt, mit beiden Füßen zugleich in die Bäche am Straßenrand zu springen, so daß mein Kleid und die Hose meines Vaters naß wurden. Er bemerkte es gar nicht.

Es war ein echtes japanisches Wohnviertel, ruhig und schön, zwischen Mauern, deren Kronen mit japanischen Ziegeln gedeckt waren, und mit Ginkgos, die über die Gärten hinauswuchsen. Die kleine Straße wurde in der Ferne zu einem Weg, der sich in Serpentinen den Berg hinaufzog, wo der Kleine Grüne See war. Dies war meine Welt; zum ersten und einzigen Mal in meinem Leben durfte ich mich hier zutiefst heimisch fühlen. Ich hielt die Hand hochgestreckt, zur Hand meines Vaters. Alles war, wo es hingehörte, ich selbst zuallererst, als ich bemerkte, daß meine Hand leer war.

Ich blickte zur Seite. Da war niemand mehr. Vor einer Sekunde, dessen war ich sicher, war dort mein Vater gewesen. Ich hatte nur eben für einen Augenblick den Kopf abgewendet, und schon hatte er sich in Luft aufgelöst. Ich hatte nicht mal bemerkt, wie er meine Hand losließ.

Eine namenlose Angst packte mich. Wie konnte ein Mensch sich so verflüchtigen? Waren die Lebewesen denn etwas so Hinfälliges, daß sie einem ohne Grund oder Erklärung abhanden kommen konnten? Solch ein Monument von einem Mann, wie konnte es im Nu verschwinden?

Plötzlich hörte ich die Stimme des Vaters, die mich rief – wohl von jenseits des Grabes, wie nicht zu bezweifeln war, denn ich sah ihn nicht, wohin ich mich auch umblickte. Seine Stimme schien aus einer anderen Welt an mein Ohr zu dringen.

– Papa, wo bist du?

– Hier bin ich, antwortete er ganz ruhig.

– Wo, hier?

– Rühr dich nicht! Komm auf keinen Fall dahin, wo ich eben noch war!

– Wo warst du denn?

– Einen Meter rechts von dir.

– Was ist passiert?

– Ich bin jetzt unter dir. Ein Gully steht offen, ich bin hineingefallen.

Ich betrachtete die Stelle neben mir, in der Mitte der in einen Bach verwandelten Straße. Keine solche Falle war zu erkennen. Aber wenn man genauer hinsah, bemerkte man etwas wie einen Strudel, ein Anzeichen für die Öffnung eines Abwasserkanals.

– Du steckst im *mizo,* Papa? fragte ich belustigt.

– Ja, meine Beste, sagte er gleichmütig, um mich nicht zu ängstigen.

Er hätte besser daran getan, mir einen tüchtigen Schreck einzujagen. So war ich kein bißchen besorgt. Ich fand die Episode äußerst lustig und sah keine Gefahr. Ich spähte in das Wasserloch, das ihn verschluckt hatte, und wunderte mich, daß er durch den flüssigen Wall zu mir sprechen konnte. Am liebsten wäre ich zu ihm hinabgestiegen, um mir seine feuchte Unterkunft anzusehen.

– Alles in Ordnung mit dir da unten, Papa?

– Einigermaßen. Du gehst jetzt nach Hause und sagst Mama, daß ich im Gully stecke, ja? Das sagte er so seelenruhig, daß ich nicht begriff, wie dringlich der Auftrag war.

– Ich gehe.

Ich machte kehrt und begann herumzutollen.

Unterwegs blieb ich stehen, weil mir schlagartig

eine Erleuchtung kam: Und wenn das nun der Beruf meines Vaters war? Ja doch, klar! Konsul hieß soviel wie Kanalreiniger. Das hatte er mir nicht erklären wollen, weil er auf seinen Beruf nicht stolz war. So ein Geheimniskrämer!

Ich triumphierte. Endlich war das Rätsel gelöst, was mein Vater den ganzen Tag machte. Er ging frühmorgens fort und kam abends wieder, ohne daß ich wissen sollte, wo er hinging. Von nun an wußte ich Bescheid: Er verbrachte seine Tage in der Kanalisation.

Wenn ich es recht bedachte, konnte ich zufrieden sein, daß mein Vater eine Arbeit verrichtete, die mit Wasser zu tun hatte – denn, wenn auch schmutzig, war es immerhin Wasser, mein Freund unter den Elementen, dasjenige, das mir am ähnlichsten war und in dem ich mich am ehesten wohl fühlte, auch wenn ich beinah darin ertrunken wäre. War es übrigens nicht logisch, daß ich mein Leben in dem Element aufs Spiel gesetzt hatte, das meine Sprache am besten sprach? Ich wußte noch nicht, daß Freunde potentiell die größten Verräter sind, wußte aber, daß die verlockendsten Dinge notwendig auch die gefährlichsten sind, zum Beispiel, sich weit aus dem Fenster zu beugen oder sich mitten auf die Straße zu legen.

Diese interessanten Gedanken löschten jede Erinnerung an den Auftrag, den der Kanalreiniger mir gegeben hatte. Ich spielte am Straßenrand, hopste mit beiden Füßen zugleich in stattliche Bäche und sang dazu selbsterfundene Lieder. Auf einer Mauer saß ein Kater, der sich aus Furcht vor der Nässe nicht über die Straße traute; ich nahm ihn in die Arme und setzte ihn auf der gegenüberliegenden Mauer ab, nicht ohne ihm eine Rede über die Freuden des Schwimmens und die Vorteile, die er davon hätte, zu halten. Er ergriff die Flucht, ohne sich zu bedanken.

Mein Vater hatte eine komische Art gewählt, mir seinen Beruf zu verraten. Statt ihn mir zu erklären, hatte er mich an seinen Arbeitsplatz geführt und war plötzlich darin verschwunden, um mir mehr Eindruck zu machen. Verflixter Papa! Sicherlich übte er da auch seine *Nō*-Lektionen, und deshalb hatte ich ihn noch nie singen gehört.

Ich setzte mich aufs Trottoir und bastelte ein Schiff aus Ginkgoblättern; dann setzte ich es in die Strömung und trabte hinterdrein. Seltsam, die Japaner brauchten einen Belgier für ihre Kanalisation! Sicherlich gab es in Belgien die bedeutendsten Kanalreiniger. Aber das alles war ja nicht so wichtig. Nächsten Monat stand mein dritter Geburtstag bevor – wenn ich nur den Plüsch-Elefanten bekäme! Ich hatte immer öfter darauf angespielt, um den

Eltern meinen Wunsch klarzumachen, aber diese Leute waren eben manchmal begriffsstutzig.

Hätte es die Überschwemmung nicht gegeben, wäre ich meinem Lieblingsspiel nachgegangen, der Herausforderung, wie ich es nannte. Es bestand darin, sich mitten auf die Straße zu legen, innerlich ein Liedchen zu singen und, ohne sich zu rühren, liegenzubleiben, bis es zu Ende war – komme, was wolle. Ich hatte mich immer gefragt, ob ich auch liegenbliebe, wenn ein Wagen käme: Hätte ich die Stirn, meinen Platz nicht zu verlassen? Leider war bei den wenigen Gelegenheiten, als ich der Aufsicht der Erwachsenen entschlüpft war und Herausforderung spielen konnte, kein Fahrzeug gekommen. Meine wissenschaftliche Frage war also unbeantwortet geblieben.

Nach all den vielen geistigen und körperlichen Abenteuern zu Wasser und unter der Erde kam ich nach Hause. Ich ging auf die Terrasse und begann hingebungsvoll mit meinem Kreisel zu spielen. Ich weiß nicht, wieviel Zeit auf diese Weise verging.

Schließlich sah mich meine Mutter.

– Ah, ihr seid zurück, sagte sie.

– Ich bin allein zurückgekommen.

– Wo ist denn dein Vater geblieben?

– Er ist bei seiner Arbeit.

– Er ist ins Konsulat gegangen?

– Er ist in der Kanalisation. Er wollte auch, daß ich es dir sage.

– Was?

Meine Mutter sprang in den Wagen und befahl mir, sie zu der Stelle zu dirigieren.

– Endlich, da seid ihr! stöhnte der Kanalreiniger.

Weil sie ihn allein nicht herausziehen konnte, rief sie einige Nachbarn zu Hilfe, von denen einer die gute Idee hatte, ein Seil zu holen. Er warf es in den *mizo* hinab, und einige Muskelprotze begannen zu ziehen. Ein Auflauf hatte sich gebildet; man wollte den schaumgeborenen Belgier auftauchen sehen. Der Anblick lohnte einen Umweg: Schneemänner kennt man, aber hier hätte man von einem Schlammann sprechen können. Auch der Geruch hatte es in sich.

Angesichts des allgemeinen Erstaunens begriff ich, daß mein Erzeuger nicht Kanalreiniger war und daß ich einen Unfall miterlebt hatte. Ich war ein bißchen enttäuscht, nicht nur weil ich die Vorstellung spaßig gefunden hatte, Verwandte in den Abwässern zu haben, sondern auch weil ich in meinem Bemühen, den Sinn des Wortes »Konsul« zu erhellen, nun wieder ganz von vorn anfangen mußte.

Wir wurden angehalten, bis zum Ende der

Überschwemmung nicht mehr zu Fuß durch die Straßen zu gehen.

Wenn es unablässig regnet, geht man am besten schwimmen. Die Abhilfe gegen das Wasser ist noch mehr Wasser.

Ich verbrachte meine Zeit nun am Kleinen Grünen See. Nishio-san, unter ihren Schirm geduckt, begleitete mich jeden Tag dorthin; sie nahm immer noch Partei für die Trockenheit. Ich hatte mich von vornherein für die Gegenseite entschieden und ging im Badeanzug aus dem Haus, um schon naß zu werden, bevor ich ins Wasser kam. Mir niemals Zeit zum Trockenwerden zu lassen, war meine Devise.

Ich stürzte mich in den See und wollte nicht wieder hinaus. Der schönste Augenblick war der des Wolkenbruchs. Ich kam dann an die Oberfläche und machte den Toten Mann, um die himmlische Dusche senkrecht auf mich niederprasseln zu lassen. Die Welt stürzte herab auf meinen gestreckten Körper. Ich sperrte den Mund auf, um ihren Guß aufzufangen, ich wies keinen Tropfen zurück, den sie mir zu bieten hatte. Sie verströmte sich großzügig, und ich war durstig genug, um sie bis zum letzten Schluck auszutrinken.

Wasser unter mir, Wasser über mir, Wasser in mir – das Wasser war ich. Nicht umsonst enthält mein Vorname das japanische Wort für »Regen«. Nach seinem Vorbild fühlte ich mich begehrt und gefürchtet, harmlos und tödlich, still und sprudelnd, gehaßt und geliebt, sanft und ätzend, fad und ungewöhnlich, rein und durchdringend, tückisch und geduldig, melodisch und kakophonisch – im höchsten Maß aber und vor allem anderen fühlte ich mich unverwundbar.

Wenn man unter einem Dach oder einem Schirm blieb, konnte man sich vor mir schützen, ohne daß es mich störte. Über kurz oder lang blieb jedoch nichts undurchdringlich für mich. Mochte man mich immer wieder ausspeien oder sich gegen mich panzern, am Ende würde ich dennoch einsickern. Sogar in der Wüste konnte man nicht vollkommen sicher sein, mir nicht zu begegnen – aber vollkommen sicher, dort an mich zu denken. Mochte man mich verfluchen, wenn man mich bis zum vierzigsten Tag der Sintflut anhalten sah; es störte mich nicht.

Aus der Fülle meiner vorsintflutlichen Erfahrungen wußte ich, daß Regen ein Gipfel der Freude war. Gewisse Leute hatten bemerkt, daß es gut war, mich hinzunehmen, sich widerstandslos von mir überfluten zu lassen. Aber besser war es noch, einfach der Regen selbst zu sein: Nichts war lustvoller, als sich zu ergießen, sprühend oder prasselnd, die Gesichter und die Landschaften zu peitschen, die Quellen zu speisen oder die Flüsse über die Ufer treten zu lassen, Hochzeiten zu stören oder Begräbnisse zu feiern, massenhaft niederzugehen als Geschenk oder Fluch des Himmels.

Als Regenkind gedieh ich in Japan wie der Fisch im Wasser.

Nishio-san, genervt von meinen endlosen Vermählungen mit meinem Element, rief mich schließlich heraus.

– Komm aus dem Wasser! Du wirst dich noch darin auflösen.

Zu spät. Ich hatte mich längst darin aufgelöst.

August. *»Mushiatsui«*, klagte Nishio-san. Richtig, es war heiß wie in einem Dampfbad. Verflüssigung und Verdunstung lösten in einem unerträglichen Rhythmus einander ab. Mein amphibischer Körper hatte seine Freude daran. Sonst freute es niemand.

Für meinen Vater war es die Hölle, bei dieser Hitze singen zu müssen. Bei Vorstellungen im Freien hoffte er auf Regen, der Unterbrechungen erzwänge. Auch ich hoffte darauf, nicht nur um den Stunden der Langeweile zu entgehen, sondern vor allem aus Freude an den Güssen. Das Donnergrollen in den Bergen war das schönste Geräusch der Welt.

Ich spielte Meine-Schwester-belügen. Alles war gut, wenn es nur frei erfunden war.

– Ich habe einen Esel, versicherte ich ihr.

Warum gerade einen Esel? Eine Sekunde zuvor hatte ich noch nicht gewußt, was ich sagen würde.

– Einen richtigen Esel, fuhr ich fort, heldenmütig dem Unbekannten ins Auge sehend.

– Was erzählst du da? sagte Juliette schließlich.

– Ja, ich habe einen Esel. Er grast auf einer Wiese, ich sehe ihn, wenn ich zum Kleinen Grünen See gehe.

– Da ist keine Wiese.

– Es ist eine geheime Wiese.

– Wie ist er denn, dein Esel?

– Grau, mit langen Ohren. Er heißt Kaniku, erfand ich.

– Woher weißt du, daß er so heißt?

– Ich habe ihm den Namen gegeben.

– Dazu hast du kein Recht. Er gehört dir nicht.

– Doch, er gehört mir.

– Woher weißt du, daß er dir gehört und nicht jemand anders?

– Er hat es mir gesagt.

Meine Schwester lachte laut auf.

– Du schwindelst ja! Esel können nicht sprechen.

Ach! Das hatte ich nicht bedacht. Trotzdem gab ich nicht auf:

– Es ist ein verzauberter Esel, und der kann sprechen.

– Glaub ich nicht.

– Dein Problem, sagte ich abschließend, voller Herablassung.

Innerlich wiederholte ich mir: »Nächstes Mal mußt du dran denken, daß die Tiere nicht sprechen können.«

Ich setzte zu einem neuen Versuch an:

– Ich hab eine Kakerlake.

Aus mir unbekannten Gründen zeitigte diese Lüge überhaupt keine Wirkung.

Probeweise versuchte ich es mit der Wahrheit:

– Ich kann lesen.

– Klar!

– Es stimmt!

– Ja, ja!

Gut. Die Wahrheit kam auch nicht an. Ohne zu verzweifeln, setzte ich mein Glaubwürdigkeits-Experiment fort:

– Ich bin drei.

– Warum lügst du immerzu?

– Ich lüge nicht. Ich bin drei.

– In zehn Tagen.

– Ja. Ich bin fast drei.

– Fast drei ist nicht drei. Da siehst du mal, du lügst immerzu.

An den Gedanken mußte ich mich gewöhnen: Ich war nicht glaubwürdig. Schadete nichts! Im Grunde war es mir egal, ob man mir glaubte oder nicht. Ich würde weiterhin Sachen erfinden, weil es mir Spaß machte.

Ich fing also an, mir Geschichten zu erzählen. Ich wenigstens glaubte, was ich mir sagte.

Niemand in der Küche – eine Gelegenheit, die ich mir nicht entgehen ließ. Ich sprang auf den Tisch und machte mich daran, die Nordwand der Vorratsregale zu besteigen. Den einen Fuß auf der Teedose, den anderen auf der Butterkeks-Schachtel, eine Hand am Haken für die Suppenkelle, mußte ich es doch schaffen, den Kriegsschatz zu finden, die Stelle, wo meine Mutter die Schokolade und die Bonbons versteckte.

Ein Blechkästchen – mein Herz schlug höher. Den linken Fuß auf dem Reissack, den rechten auf den getrockneten Algen, sprengte ich den Verschluß mit dem Dynamit meiner Gier. Ich klappte den Deckel auf und bekam große Augen: Kakao-Dublonen, Zuckerperlen, Massen von Kaugummi, Diademe von Lakritzen und Armbänder von Marshmallow. Welch eine Beute! Ich schickte mich an, meine Fahne auf dem Gipfel dieses Himalaja von Glukose-Sirup und Konservierungsmittel E428 zu hissen und das Ausmaß meines Sieges von dort herab zu betrachten, als ich Schritte hörte.

Panik. Meine Juwelen oben auf dem Schrank zurücklassend, trat ich hastig den Abstieg an und versteckte mich unter dem Tisch. Füße kamen näher. Ich erkannte Nishio-sans Pantoffeln und Kashima-sans *geta*.

Letztere setzte sich, während die Jüngere das Teewasser aufsetzte. Kashima-san erteilte ihr Befehle wie einer Sklavin und, als bewiese das ihre Macht noch nicht zur Genüge, sagte ihr furchtbare Dinge:

– Sie verachten dich, soviel ist klar.

– Das stimmt nicht.

– Das springt doch ins Auge. Die Belgierin spricht mit dir wie mit einer Untergebenen.

– Hier gibt es nur eine, die mit mir spricht wie mit einer Untergebenen: du.

– Klar, du bist ja auch eine. Ich bin keine Heuchlerin.

– Madame ist auch keine Heuchlerin.

– Wie du sie immer »Madame« nennst, das ist doch lächerlich.

– Sie nennt mich ja auch Nishio-san. Das Gegenstück dazu in ihrer Sprache ist Madame.

– Du kannst sicher sein, sie nennt dich das Dienstmädchen, sobald du ihr den Rücken kehrst.

– Was weißt denn du davon? Du sprichst nicht französisch.

– Die Weißen haben uns Japaner immer verachtet.

– Diese hier nicht.

– Was bist du einfältig!

– Monsieur singt *Nō.*

– »Monsieur!« Merkst du nicht, daß dieser Belgier sich damit über uns lustig macht?

– Er steht jeden Morgen vor Sonnenaufgang auf und geht zum Unterricht.

– Das ist nur normal, daß ein Soldat früh aufsteht, um sein Land zu verteidigen.

– Er ist aber Diplomat, kein Soldat.

– Das hat man ja gesehen, 1940, wozu die gut sind, die Diplomaten.

– Wir haben 1970, Kashima-san.

– Na und? Nichts hat sich geändert.

– Wenn sie deine Feinde sind, warum arbeitest du dann für sie?

– Ich arbeite nicht. Hast du das nicht bemerkt?

– Doch, hab ich. Aber ihr Geld nimmst du.

– Das ist wenig im Vergleich dazu, was sie uns schuldig sind.

– Sie sind uns gar nichts schuldig.

– Sie haben uns das schönste Land der Welt weggenommen. 1945 haben sie es umgebracht.

– Trotzdem haben wir am Ende dabei gewonnen. Unser Land ist heute reicher als ihres.

– Unser Land ist nichts mehr im Vergleich zu dem, was es vor dem Krieg war. Du hast diese Zeit nicht erlebt. Damals konnte man stolz sein, Japaner zu sein.

– Das sagst du, weil es deine Jugend war. Du idealisierst.

– Es war nicht bloß schön, weil es meine Jugend war. Sieh doch deine Jugend an – sie ist erbärmlich!

– Allerdings, weil ich arm bin. Vor dem Krieg wäre ich auch arm gewesen.

– Vorher gab es Schönes für jedermann, für Arm und Reich.

– Was weißt denn du davon?

– Heute gibt es überhaupt nichts Schönes mehr, für niemand, ob arm oder reich.

– Das Schöne ist nicht schwer zu finden.

– Das sind nur Reste. Auch die werden noch verschwinden. Japans Niedergang!

– Das hab ich doch schon mal irgendwo gehört.

– Ich weiß, was du jetzt denkst. Auch wenn du nicht meiner Meinung bist, solltest du dir Sorgen machen. Du bist ganz schön naiv, wenn du die Verachtung nicht siehst, die sie hinter ihrem Lächeln verbergen. Ist ja auch normal. Leute aus deinen Kreisen sind schon so daran gewöhnt, wie Hunde behandelt zu werden, daß sie es gar nicht mehr merken. Ich dagegen bin Aristokratin, und ich spüre das, wenn man es an Respekt fehlen läßt.

– Daran lassen sie es hier gegen dich wahrhaftig nicht fehlen.

– Gegen mich nicht. Ich habe ihnen zu verstehen gegeben, daß es nicht in ihrem Interesse läge, mich mit dir zu verwechseln.

– Und die Folge ist, daß ich mit zur Familie gehöre und du nicht.

– Du bist doch zu blöd! Wie kannst du so was glauben?

– Die Kinder hängen an mir, besonders die Kleine.

– Natürlich! In dem Alter sind sie wie junge Hunde. Gib einem jungen Hund zu fressen, und er liebt dich.

– Ich mag sie jedenfalls, die jungen Hunde.

– Wenn du zu einer Hundefamilie dazugehören willst, dann um so besser für dich. Aber wundere dich nicht, wenn sie eines Tages auch dich wie einen Hund behandeln.

– Was willst du damit sagen?

– Ich weiß, was ich sagen will, sagte Kashima-san und stellte ihre Teeschale auf dem Tisch ab, wie um die Diskussion zu beenden.

Am nächsten Tag gab Nishio-san meinem Vater ihre Kündigung bekannt.

– Ich habe zuviel zu tun, ich bin müde. Ich muß

wieder zu Hause sein und mich um die Zwillinge kümmern. Die Mädchen sind erst zehn, sie brauchen mich noch.

Meine Eltern, so leid es ihnen tat, konnten sie nicht halten.

Ich hängte mich Nishio-san um den Hals:

– Geh nicht fort! Bitte, bitte nicht!

Sie weinte, blieb aber bei ihrem Entschluß. Ich sah Kashima-san in einer Ecke stehen und lächeln.

Ich rannte zu meinen Eltern und erzählte ihnen, was ich von der Szene, die ich aus meinem Versteck belauscht hatte, begriffen hatte. Mein Vater, voller Wut auf Kashima-san, ging zu Nishio-san und redete mit ihr unter vier Augen. Ich blieb in den Armen meiner Mutter zurück, schluchzte und wiederholte krampfhaft:

– Nishio-san muß bei mir bleiben. Nishio-san muß bei mir bleiben.

Mama erklärte mir schonend, daß ich mich eines Tages auf jeden Fall von Nishio-san trennen müsse.

– Dein Vater wird nicht ewig auf seinem Posten in Japan bleiben. In ein, zwei oder drei Jahren werden wir abreisen. Und Nishio-san wird nicht mitkommen. Dann wirst du dich von ihr trennen müssen.

Der Boden schien mir unter den Füßen wegzusinken. Es waren so viele abscheuliche Neuigkeiten auf einmal, daß ich nicht eine davon verarbeiten konnte. Meine Mutter schien sich nicht darüber im klaren zu sein, daß sie mir die Apokalypse ankündigte.

Es dauerte eine Weile, bis ich wieder etwas sagen konnte.

– Wir bleiben nicht immer hier?

– Nein. Dein Vater wird irgendwann anderswohin versetzt.

– Wohin?

– Das wissen wir nicht.

– Wann?

– Das wissen wir auch nicht.

– Nein. Ich gehe nicht fort. Ich kann nicht fort.

– Willst du denn nicht mehr mit uns zusammensein?

– Doch. Aber ihr müßt auch dableiben.

– Dazu haben wir kein Recht.

– Warum?

– Dein Vater ist Diplomat. Das gehört zu seinem Beruf.

– Na und?

– Er muß Belgien gehorchen.

– Belgien ist doch weit weg. Es kann ihn nicht bestrafen, wenn er nicht gehorcht.

Meine Mutter lachte. Ich weinte um so heftiger.

– Das war bloß Spaß, was du gesagt hast. Wir gehen nicht fort.

– Es war kein Spaß. Eines Tages gehen wir fort.

– Ich will nicht fort! Ich muß hierbleiben! Das ist mein Land! Das ist mein Haus!

– Es ist nicht dein Land.

– Es ist mein Land! Ich sterbe, wenn ich fort muß!

Ich warf den Kopf hin und her wie eine Wahnsinnige. Ich trieb im Meer, ich hatte keinen Grund mehr, das Wasser verschlang mich, ich schlug um mich, suchte Halt, nirgendwo war Boden, die Welt wollte mich nicht mehr.

– Aber nicht doch, nein, du wirst nicht sterben.

Richtig, ich starb ja jetzt schon. Ich hatte soeben die Schreckensnachricht erhalten, die früher oder später jeden Menschen erreicht: Was du liebst, wirst du verlieren. »Was dir gegeben wurde, wird dir wieder genommen werden«, so formulierte ich für mich das Verhängnis, das zum Leitmotiv meiner Kindheit, meiner Jugend und der anschließenden Wechselfälle werden sollte. »Was dir gegeben wurde, wird dir wieder genommen werden«: Dein ganzes Leben wird im Takt der Trauer schreiten.

Trauer um das geliebte Land, um die Berge, die Blumen, das Haus, um Nishio-san und die Sprache, in der du mit ihr redest. Und immer wird es nur die erste Trauer in einer Reihe sein, deren Länge du dir nicht vorstellen kannst. Trauer im vollen Sinne, denn nichts wird dich trösten, nichts wirst du wiedergewinnen. Man wird versuchen dich zu täuschen, wie Gott den Hiob täuscht, indem er ihm eine andere Frau »wiedergibt«, eine andere Wohnstatt und andere Kinder. Aber du wirst nicht so dumm sein, darauf hereinzufallen!

– Was hab ich denn Schlimmes getan? schluchzte ich.

– Nichts. Es liegt nicht an dir. Es ist nun mal so.

Wenn ich doch wenigstens irgend etwas verbrochen hätte! Wenn dieser Greuel doch wenigstens eine Strafe wäre! Aber nein. Das ist so, weil es nun mal so ist. Ob du böse oder brav bist, spielt keine Rolle. »Was dir gegeben wurde, wird dir wieder genommen werden«, das ist die Regel.

Mit fast drei Jahren weiß man schon, daß man irgendwann sterben wird. Das hat nichts zu bedeuten: Bis zum Tod ist es noch so lange hin, daß er so gut wie nicht vorhanden ist. Wenn man allerdings in diesem Alter erfährt, daß man in ein, zwei oder drei Jahren aus dem Paradies vertrieben wird, obwohl man sich keinen Ungehorsam gegen die allerhöchsten Gebote hat zuschulden kommen lassen, so ist dies eine sehr harte und ungerechte Lektion, aus der unendliche Qualen und Ängste erwachsen.

»Was dir gegeben wurde, wird dir wieder genommen werden«: Und wenn du wüßtest, was alles man dir eines Tages unverschämterweise wieder abnehmen wird!

Ich begann vor Verzweiflung laut zu heulen.

In diesem Augenblick tauchten mein Vater und Nishio-san wieder auf. Nishio-san lief auf mich zu und nahm mich in die Arme.

– Beruhige dich, ich bleibe, ich geh nicht fort, ich bleibe bei dir, es ist vorüber!

Hätte sie mir das vor einer Viertelstunde gesagt, ich wäre vor Freude an die Decke gesprungen. Nun aber wußte ich, daß es nur ein Aufschub war – die Tragödie wurde vertagt. Ein schwacher Trost.

In der Aussicht auf eine solche künftige Beraubung gibt es nur zwei mögliche Haltungen: Man beschließt entweder, sich nicht an die Menschen und Dinge zu binden, damit die Amputation dann weniger schmerzhaft wird, oder, im Gegenteil, die Menschen und Dinge um so mehr und um so rückhaltloser zu lieben – »da wir zusammen nicht viel Zeit haben werden, will ich in einem Jahr all die

Liebe aufbieten, die ich dir in meinem ganzen Leben hätte schenken können«.

Ich entschied mich sofort für die zweite Möglichkeit. Ich schloß die Arme um Nishio-san und drückte ihren Körper an mich, so fest meine schwachen Kräfte es erlaubten. Das hinderte mich nicht, noch lange zu weinen.

Kashima-san kam vorüber und sah die Szene mit an: ich in den Armen einer beschwichtigten und besänftigten Nishio-san. Sie begriff zwar nicht, daß ich spioniert hatte, zumindest aber, welche emotionale Rolle ich in dieser Angelegenheit gespielt hatte.

Sie preßte die Lippen zusammen. Ich sah, wie sie mir einen haßerfüllten Blick zuwarf.

Mein Vater beruhigte mich ein wenig: Unser Weggang aus Japan sei erst in zwei oder drei Jahren zu erwarten. Für mich waren zwei, drei Jahre eine Ewigkeit; ich hatte also noch genug Zeit für ein ganzes Leben in meinem Geburtsland. Es war mir eine bittere Erleichterung, wie jene Medikamente sie gewähren, die den Schmerz lindern, ohne die Krankheit zu heilen. Ich schlug meinem Erzeuger einen Berufswechsel vor. Er antwortete mir, daß eine Karriere in der Kanalreinigung ihn nicht sonderlich reize.

Ich lebte von nun an in einem Gefühl von Feierlichkeit. Noch am Nachmittag dieser tragischen Offenbarung ging Nishio-san mit mir zum Spielplatz, wo ich eine Stunde damit zubrachte, wie toll auf dem Mäuerchen des Sandkastens herumzuhüpfen und mir diese Worte zu wiederholen:

»Du mußt dich erinnern! Du mußt dich erinnern! Weil du nicht immer in Japan bleiben kannst, weil du aus dem Garten vertrieben werden wirst, weil du Nishio-san und die Berge verlieren wirst, weil man dir wieder nehmen wird, was dir gegeben wurde, hast du die Pflicht, dich an diese Kostbarkeiten zu erinnern. Die Erinnerung hat dieselbe Kraft wie die Schrift: Wenn du das Wort ›Katze‹ in einem Buch geschrieben siehst, ist der Anblick ein ganz anderer als der der Nachbarskatze, die so schöne Augen hatte, als sie dich ansah. Dennoch bereitet dir das geschriebene Wort ähnlich viel Freude wie die Anwesenheit der Katze, wenn ihr goldglänzender Blick auf dir ruht.

Mit der Erinnerung ist es ähnlich. Deine Großmutter ist tot, aber die Erinnerung macht sie wieder lebendig. Wenn es dir gelingt, die Wunder deines Paradieses in deine Gehirnmasse einzuschreiben, beförderst du wenn schon nicht ihre wundersame Wirklichkeit, so doch wenigstens ihre Macht in deinen Kopf.

Von nun an wird in deinem Leben alles geweiht sein. Die Augenblicke, die es wert sind, sollen mit einem Hermelinmantel bekleidet und in der Kathedrale deines Schädels gekrönt werden. Deine Gefühle werden Dynastien bilden.«

Endlich kam mein dritter Geburtstag – der erste, dessen ich mir bewußt war. Er schien mir ein Ereignis von planetarischer Bedeutung zu sein. Morgens beim Erwachen dachte ich mir, daß ganz Shukugawa mich feiern würde.

Ich sprang ins Bett meiner Schwester, die noch schlief, und schüttelte sie wach:

– Ich möchte, daß du die erste bist, die mir zum Geburtstag gratuliert.

Ich fand, sie müßte sich dadurch hoch geehrt fühlen. Murrend gab sie ihren Glückwunsch von sich und drehte sich mit verdrossener Miene auf die andere Seite.

Ich ließ die Undankbare allein und ging in die Küche hinunter. Nishio-san war untadelig: Sie kniete nieder vor der Kindgöttin, die ich war, und gratulierte mir zu meinem Erfolg. So war es richtig: Drei Jahre alt zu werden, das schafft nicht jeder.

Dann fiel sie mir zu Füßen. Ich empfand lebhafte Befriedigung.

Ich fragte sie, ob die Dorfbewohner zu uns kommen würden, um mir zuzujubeln, oder ob ich die Straße entlanggehen müsse, um ihren Beifall entgegenzunehmen. Verdutzt zögerte sie einen Moment, ehe sie die Antwort fand:

– Es ist Sommer. Da sind die Leute alle in die Ferien gefahren. Sonst hätten sie ein Fest für dich veranstaltet.

Ich sagte mir, daß es auch besser so war. Diese Festlichkeiten hätten mich sicher nur ermüdet. Nichts Schöneres, als den Triumph in aller Stille zu feiern. In dem Augenblick, wenn ich meinen Plüsch-Elefanten empfinge, würde der Tag den Gipfel seines Glanzes erreichen.

Die Eltern kündigten an, daß ich mein Geschenk am Nachmittag bekäme. Hugo und André versprachen, daß sie für den heutigen Tag ausnahmsweise darauf verzichten würden, mich zu ärgern. Kashima-san sagte nichts zu mir.

Ich verbrachte die nächsten Stunden in halluzinierender Ungeduld. Dieser Elefant war das fabelhafteste Geschenk, das man mir machen konnte. Ich fragte mich, wie lang wohl sein Rüssel sein und wieviel er in meinen Armen wiegen würde.

Um vier Uhr rief man mich herbei. Ich kam zum Geburtstagstisch mit einem Herzklopfen des achten Stärkegrads auf der Richter-Skala. Nirgendwo sah ich ein Paket. Es mußte irgendwo versteckt sein.

Zeremoniell. Der Kuchen. Drei Kerzen brannten, die ich schleunigst ausblies, um endlich zur Sache zu kommen. Gesang.

– Wo ist mein Geschenk? fragte ich endlich.

Die Eltern setzten ein verschmitztes Lächeln auf.

– Es ist eine Überraschung.

– Nicht, was ich mir gewünscht habe?

– Etwas viel Besseres!

Etwas Besseres als ein Dickhäuter aus Plüsch? Das gab es nicht. Ich ahnte das Schlimmste.

– Was ist es?

Man führte mich zu dem kleinen steinernen Teich im Garten.

– Schau mal da ins Wasser!

Drei lebende Karpfen schwammen darin herum.

– Wir haben gemerkt, daß du eine Vorliebe für Fische hast, und ganz besonders für Karpfen. Darum schenken wir dir drei, einen für jedes Jahr. Ist doch eine gute Idee, nicht?

– Ja, antwortete ich verzweifelt höflich.

– Der erste ist orange, der zweite grün, der dritte silbrig. Findest du das nicht allerliebst?

– Doch, sagte ich und fand es abscheulich.

– Und du selbst wirst dich um sie kümmern. Wir haben für dich einen Vorrat an Reiswaffeln besorgt. Die zerbröckelst du zu kleinen Stücken und wirfst sie ihnen hin, so! Zufrieden?

– Sehr.

Hölle und Verdammnis! Hätten sie mir doch lieber gar nichts geschenkt!

Es war nicht nur aus Artigkeit, daß ich gelogen hatte. Es war auch, weil keine bekannte Sprache den Ton meines Verdrusses im entferntesten getroffen hätte, weil kein Ausdruck die Tiefe meiner Enttäuschung hätte ausloten können.

In die unendliche Liste unbeantworteter Fragen über die Menschheit wäre noch die folgende einzutragen: Was geht in den Köpfen wohlmeinender Eltern vor, die, nicht damit zufrieden, sich die aberwitzigsten Vorstellungen von ihren Kindern zu machen, sich auch noch herausnehmen, an ihrer Stelle die Initiative zu ergreifen?

Öfter fragt man jemanden, was er einmal werden wollte, als er noch klein war. In meinem Falle wäre es interessanter, diese Frage nicht mir, sondern meinen Eltern zu stellen. Die Abfolge ihrer Antworten zu verschiedenen Zeiten ergibt ein genaues Bild alles dessen, was ich niemals habe werden wollen.

Als ich drei war, priesen sie »meine« Begeisterung für die Karpfenzucht. Als ich sieben war, verkündeten sie »meinen« feierlichen Entschluß, die Diplomatenlaufbahn einzuschlagen. Als ich zwölf war, wuchs in ihnen die Überzeugung, eine große Politikerin in die Welt gesetzt zu haben. Und mit siebzehn wurde mir verheißen, daß ich einmal die Anwältin unserer Familie sein würde.

Es konnte geschehen, daß ich sie fragte, wie sie auf diese sonderbaren Gedanken kämen. Worauf sie jedesmal im Brustton der Überzeugung antworteten, das sehe man doch, oder das sagten doch alle. Und wenn ich dann wissen wollte, wer »alle« seien, sagten sie:

– Na, einfach alle!

Ihrem guten Glauben durfte man nicht widersprechen.

Zurück zu der dreijährigen Fischzüchterin. Da mein Vater und meine Mutter nun einmal diese Leidenschaft in mir entdeckt zu haben meinten, ließ ich es mir als brave Tochter angelegen sein, die äußeren Symptome der Ichthyophilie zu simulieren.

In meinen Malheften schuf ich mit Buntstiften Fische zu Tausenden, mit großen, kleinen, vielen oder gar keinen Flossen, grün oder rot beschuppt, blau mit gelben Tupfen oder orange mit blaßrosa Streifen.

– Da haben wir doch das Richtige getroffen, als wir ihr die Karpfen schenkten, sagten meine Eltern und betrachteten meine Werke mit Entzücken.

Diese Geschichte wäre vielleicht noch komisch gewesen, hätte sie es mir nicht zur täglichen Pflicht gemacht, besagte Wasserfauna zu füttern.

Ich ging dazu in den Geräteschuppen und holte mir ein paar Reiswaffeln. Dann stellte ich mich an den steinernen Rand des Teichs, zerbröselte die gepreßten Scheiben und warf popkorngroße Stücke ins Wasser.

So weit ganz lustig. Das Problem waren nur diese widerlichen Biester von Karpfen, die nun mit offenen Mäulern an die Oberfläche kamen, um sich ihren Imbiß zu holen.

Beim Anblick dieser drei körperlosen Mäuler, die in Erwartung des Fraßes aus dem Teich auftauchten, packte mich lähmender Ekel.

Meine Eltern, um eine gute Idee nie verlegen, sagten mir:

– Dein Bruder, deine Schwester und du, ihr seid doch auch drei, wie die Karpfen. Du könntest den orangenen André nennen, den grünen Juliette, und der silbrige bekäme deinen Namen.

Ich fand einen freundlichen Vorwand, um diese onomastische Katastrophe abzuwenden.

– Nein, da wäre Hugo traurig.

– Stimmt. Aber wir könnten ja noch einen vierten Karpfen kaufen?

Schnell, schnell etwas erfinden, egal was!

– Nein, ich hab ihnen schon Namen gegeben.

– Ah, und wie nennst du sie?

»Was gibt es denn noch, was zu dritt ist?« überlegte ich blitzschnell. Und ich antwortete:

– Jesus, Maria und Josef.

– Jesus, Maria und Josef? Findest du die Namen nicht ein bißchen komisch für Fische?

– Nein, versicherte ich.

– Und wer heißt wie?

– Der orangene heißt Josef, der grüne Maria, der silbrige Jesus.

Ein Karpfen namens Josef – über den Gedanken mußte meine Mutter schließlich lachen. Die Taufe wurde akzeptiert.

Ich gewöhnte mir an, jeden Mittag, wenn die Sonne am höchsten stand, die Dreieinigkeit füttern zu gehen. Als Priesterin der Fischzucht segnete ich zuerst die Reiswaffel, zerbrach sie und warf sie ins Wasser mit den Worten:

– Dies ist mein Leib, der für euch hingegeben wird.

Sofort waren Jesus, Maria und Josef mit ihren widerlichen Mäulern zur Stelle. Mit lautem Getöse peitschten ihre Flossen das Wasser, sie stürzten sich auf ihr täglich Brot, schlugen sich, um soviel wie möglich von diesem Kotzzeug abzubekommen.

Oder schmeckte es vielleicht so gut, daß solche Auseinandersetzungen sich lohnten? Ich biß probeweise in die styroporähnliche Masse: keine Spur von Geschmack; ebensogut hätte man Pappe essen können.

Trotzdem, wie die stupiden Fische um dieses Manna stritten, das mit Wasser vollgesogen geradezu ekelhaft sein mußte, war sehenswert. Sie flößten mir eine grenzenlose Verachtung ein.

Beim Ausstreuen des Fraßes bemühte ich mich, möglichst wenig auf die Mäuler dieser Sippschaft zu sehen. Schon die Freßwerkzeuge menschlicher Artgenossen bieten bei der Betätigung einen peinlichen Anblick, aber das war noch gar nichts gegen die meiner Schutzbefohlenen Jesus, Maria und Josef. Ein offener Gully wäre im Vergleich zu ihnen appetitlich gewesen. Der Durchmesser der Maulöffnung war fast gleich dem Durchmesser ihres Körpers, so daß es an eine Röhre hätte erinnern können, wären ihre Fischlippen nicht gewesen, die mich mit ihrem Lippenblick anblickten, schleimige Lippen, die mit einem obszönen Geräusch auf- und zugingen, Freßklappen in Form von Fallgruben, die meinen Fraß fraßen, bevor sie mich fraßen.

Ich gewöhnte mich daran, meine Pflicht mit geschlossenen Augen zu erfüllen. Das war überlebenswichtig. Blindlings zerkrümelten meine Hände die

Waffeln und verstreuten das Zeug irgendwohin. Eine Salve »Pluffpluff-Gluppglupp«-Laute verriet mir, daß die Dreieinigkeit, die hungernde Bevölkerung des Teiches, meine Ernährungsballistik genau verfolgt hatte. Auch diese Geräusche waren widerwärtig, aber ich konnte mir ja nicht auch noch die Ohren zuhalten.

Es war mein erstes Ekelerlebnis, seltsamerweise, denn ich erinnere mich, daß ich, schon bevor ich drei wurde, überfahrene Frösche betrachtet, mit meinen Ausscheidungen getöpfert, den Inhalt des Taschentuchs meiner verschnupften Schwester genau untersucht und den Finger auf ein Stück rohe Kalbsleber gelegt hatte – alles ohne jede Spur von Abscheu, vielmehr angezogen von edler wissenschaftlicher Neugier.

Warum also riefen ausgerechnet die Karpfenmäuler in mir diesen Schwindel des Entsetzens, diese Verstörung der Sinne, diese kalten Schweißausbrüche, diese morbide Qual, diese Verkrampfung an Leib und Seele hervor? Ein Rätsel.

Manchmal denke ich, daß unsere individuelle Einzigartigkeit allein so zu fassen ist: Sage mir, wovor dich ekelt, und ich sage dir, wer du bist! Unser Charakter ist nichtig, unsere Vorlieben eine banaler als die andere. Nur unsere Abneigungen sagen wirklich etwas über uns aus.

Zehn Jahre später stieß ich im Lateinunterricht auf den Satz *carpe diem.*

Bevor mein Gehirn ihn analysieren konnte, hatte ein alter Instinkt in mir ihn schon übersetzt: »Einen Karpfen pro Tag.« Die abscheulichste Devise, die ich mir denken konnte, weil sie mein früheres Leiden benannte.

»Pflücke den Tag«: So hieß natürlich die wörtliche Übersetzung. Den Tag pflücken? Leicht gesagt. Wie willst du die Früchte, die er trägt, genießen, wenn du vormittags nur an die Marter denken kannst, die dir bevorsteht, und du den Nachmittag hindurch verarbeiten mußt, was du gesehen hast?

Ich versuchte nicht mehr daran zu denken. Leider läßt sich nichts schwerer erlernen. Wenn wir imstande wären, an unsere Probleme nicht mehr zu denken, wären wir glückliche Geschöpfe.

Ebensogut könnten wir zur heiligen Blandine in ihrer Martergrube sagen: »Los, denk doch nicht an die Löwen!«

Ein Vergleich, der seine Berechtigung hatte: Mehr und mehr gewann ich den Eindruck, daß es mein eigenes Fleisch war, mit dem ich die Karpfen fütterte. Ich magerte ab. Nach der Speisung der Fische wurde ich zum Essen gerufen. Ich bekam nichts herunter.

Nachts in meinem Bett bevölkerte ich die Dunkelheit mit aufgerissenen Mäulern. Unter meinem Kissen weinte ich vor Entsetzen. Die Autosuggestion war so stark, daß die dicken, schuppigen Körper zu mir zwischen die Laken kamen, mich drückten und umschlangen – und ihre kalten, wulstigen Lippen versetzten mir intime Küsse. Ich war die unreife Geliebte fischgestaltiger Phantasmen.

Jonas und der Wal? Was für ein Aufschneider! In diesem Cetaceumbauch war er doch ganz gut aufgehoben gewesen. Wenn ich wenigstens als Füllung für den Wanst des Karpfens getaugt hätte, wäre ich gerettet gewesen. Es war nicht sein Magen, vor dem es mich ekelte, sondern sein Maul, die auf- und zuklappende Bewegung seiner Kinnladen, die in der nächtlichen Ewigkeit meine Lippen notzüchtigte. Durch den Umgang mit diesen Gestalten, die der Phantasie eines Hieronymus Bosch hätten entsprungen sein können, wandelte sich die Feenwelt meiner Schlaflosigkeit zum Martyrium.

Eine Sorge knüpfte sich daran: Müßte ich nicht, wenn ich zu viele Fischküsse erlitt, in die andere Art überwechseln? Würde ich ein Wels werden? Meine Hände strichen den Körper entlang, in Erwartung halluzinatorischer Metamorphosen.

Drei Jahre alt zu sein, bedeutete entschieden nichts Gutes. Mit Recht sehen die Japaner in diesem Alter das Ende des göttlichen Zustands. Etwas hatte sich – jetzt schon! – verloren, etwas, das wertvoller als alles andere und nicht wiederzugewinnen war: eine Art Vertrauen auf die ewige Freundlichkeit der Welt.

Ich hatte von meinen Eltern gehört, daß ich bald in den japanischen Kindergarten gehen würde: eine Nachricht, die nichts Gutes verhieß. Wie? Sollte ich den Garten verlassen müssen? Mich einer Horde Kinder anschließen? Was für eine Idee!

Es gab noch Schlimmeres. Der Garten selbst machte mir Sorgen. Die Natur schien eine Art Sättigung erreicht zu haben. Die Bäume waren zu grün, zu dicht belaubt, das Gras sprießte zu üppig, die Blumen strotzten, als ob sie sich überfressen hätten. Seit Beginn der zweiten Augusthälfte zeigten die Pflanzen einen Überdruß wie am Tag nach einer Orgie. Die Lebenskraft, die ich in allen Dingen gespürt hatte, stand im Begriff, sich in Schwere zu verwandeln.

Ohne daß ich es wußte, vollzog sich vor meinen

Augen eine der fürchterlichsten Gesetzmäßigkeiten des Weltlaufs: Was nicht vorangeht, fällt zurück. Erst das Wachstum, dann der Verfall. Dazwischen ist nichts. Einen Zenit gibt es nicht; er ist eine Illusion. Und so gab es auch keinen Sommer. Es gab einen langen Frühling, einen dramatischen Anstieg der Säfte und der Begierden, doch sobald dieser Schub aussetzte, begann der Absturz.

Vom 15. August an behält der Tod die Oberhand. Gewiß, noch zeigt kein Blatt das kleinste Anzeichen einer Rötung; gewiß sind die Bäume noch so dicht belaubt, daß man sich ihre baldige Kahlheit nicht vorstellen kann. Das Grünzeug ist saftiger denn je, die Blumenbeete strahlen, es riecht nach Goldenem Zeitalter. Und dennoch, es ist nicht das Goldene Zeitalter, einfach weil das Goldene Zeitalter unmöglich ist, einfach weil es Stabilität nicht gibt.

Mit drei Jahren wußte ich davon nichts. Lichtjahre trennten mich von jenem König, der im Sterben ausruft: »Was enden muß, ist schon zu Ende.« Ich hätte meine Angst nicht in Worte fassen können. Aber ich spürte, jawohl, ich spürte, daß ein großes Sterben sich anbahnte. Die Natur tat des Guten zuviel. Dahinter verbarg sich etwas.

Hätte ich mit anderen darüber gesprochen, hätten sie mir den Zyklus der Jahreszeiten erklärt. Mit drei Jahren erinnert man sich nicht ans vorige Jahr, man hat die ewige Wiederkehr des Gleichen noch nicht beobachten können, und eine neue Jahreszeit ist eine nicht wiedergutzumachende Katastrophe. Mit zwei Jahren bemerkt man diese Veränderungen nicht, und sie sind einem gleichgültig. Mit vier bemerkt man sie, aber die Erinnerung ans vorige Jahr banalisiert sie und nimmt ihnen viel von ihrer Dramatik. Mit drei erlebt man die reine Angst: Man bemerkt alles und versteht nichts. Es gibt keinen inneren Rechtsbeistand, den man konsultieren könnte, um sich zu beruhigen. Man hat noch nicht den Reflex, von anderen eine Erklärung zu verlangen; man weiß nicht unbedingt, daß die Erwachsenen mehr Erfahrung haben – und das ist ja auch gar nicht so sicher.

Mit drei Jahren ist man ein Marsianer. Es ist sehr aufregend, aber beängstigend, ein eben erst auf der Erde gelandeter Marsianer zu sein. Man beobachtet Noch-nicht-Dagewesenes, Undurchschaubares. Man hat keinen Schlüssel. Anhand von Beobachtungen allein muß man Gesetze erfinden: das aristotelische Verfahren rund um die Uhr, was um so anstrengender ist, wenn man von den Griechen nie gehört hat.

Eine Schwalbe macht noch keinen Sommer. Mit drei Jahren möchte man wissen, wie viele Schwalben nötig sind, damit man an etwas glauben kann. Eine Blume, die welkt, macht noch keinen Herbst. Zwei Blumenkadaver auch noch nicht, gewiß. Dennoch nistet die Unruhe sich ein. Wie viele Blumen müssen erst sterben, damit man im Kopf das Alarmsignal hört, das den Vormarsch des Todes anmeldet?

Ähnlich muß es Champollion angesichts der Hieroglyphen zumute gewesen sein. Aus dem wachsenden Chaos flüchtete ich mich ins Spiel mit meinem Kreisel. Ich spürte, daß er mir Wichtiges zu sagen hatte. Leider verstand ich seine Sprache nicht.

Ende August. Mittag, Stunde der Qual. Geh die Karpfen füttern!

Nur Mut! Du hast es ja schon so oft geschafft. Du hast es überstanden. Nur ein ganz übler Moment, den du hinter dich bringen mußt.

Ich hole die Reiswaffeln aus dem Schuppen. Ich gehe zum steinumrandeten Teich. Die senkrecht einfallende Sonne läßt das Wasser glänzen wie Aluminium. Die glatte, schimmernde Fläche wird sogleich durch drei aufeinanderfolgende Plumpser verschmiert. Jesus, Maria und Josef haben mich kommen sehen und springen aus dem Wasser, was ihre Art ist, einander zu Tisch zu rufen.

Als sie aufgehört haben, fliegende Fische zu spielen, was bei ihrer Leibesfülle völlig obszön ist, halten sie die offenen Mäuler an die Wasseroberfläche und warten.

Ich werfe die Brocken hinein. Das Trio der Schnauzen fällt drüber her. Die offenen Röhren schnappen. Wenn sie alles verschlungen haben, verlangen sie mehr. Ihre Rachen stehen so weit offen, daß man ihnen, wenn man sich ein wenig bücken würde, bis in den Magen hineinsehen könnte. Während ich die Speisung fortsetze, werde ich mehr und mehr benommen von dem Anblick, den die Dreieinigkeit mir darbietet: Normalerweise halten doch alle Lebewesen das Innere ihres Körpers verborgen. Was wäre, wenn alle Leute ihre Eingeweide zur Schau stellen würden?

Die Karpfen haben ein Ur-Tabu verletzt: Sie nötigen mir den Anblick ihres entblößten Verdauungskanals auf.

Du findest das abstoßend? In deinem Bauch sieht es doch ebenso aus. Wenn dieser Anblick dich so belästigt, dann vielleicht deshalb, weil du dich darin wiedererkennst. Glaubst du, deine Gattung sei ganz anders? Deine Artgenossen essen zwar manierlicher, aber essen tun sie auch, und in deiner Mutter und deiner Schwester geht es genauso zu.

Und du selbst, denkst du vielleicht, du bist anders? Du bist eine Röhre und kommst aus einer Röhre. In letzter Zeit hattest du den glorreichen Eindruck, dich zu entwickeln, zu einem Stück denkfähiger Materie zu werden. Unsinn! Würde dir angesichts der Karpfenmäuler so schlecht werden, wenn du nicht dein Schandbild darin gespiegelt sähest? Vergiß nicht, daß du eine Röhre warst und wieder zu einer Röhre werden wirst.

Ich bringe die Stimme, die mir diese Scheußlichkeiten sagt, zum Schweigen. Seit zwei Wochen setze ich mich jeden Mittag dem Anblick des Fischteichs aus und muß feststellen, daß ich, weit davon entfernt, den Abscheu durch Gewöhnung zu überwinden, vielmehr immer empfindlicher werde. Und wenn dieser Ekel, den ich zuerst für affige Ziererei, für eine Laune gehalten hatte, nun eine heilige Botschaft wäre? In diesem Falle muß ich ihm standhalten. Ich muß die Stimme sich aussprechen lassen.

Sieh also hin! Mach die Augen auf! Das Leben ist so, wie du es da siehst: Membranen, Gedärme, ein Loch ohne Boden, das gefüllt werden will. Das Leben ist dieser Schlauch, der schlingt und schlingt und leer bleibt.

Meine Füße stehen am Rand des Teiches. Ich blicke argwöhnisch auf sie hinab, ich traue ihnen nicht mehr. Ich hebe den Blick und betrachte den Garten. Er ist nicht mehr das Kleinod, das mich schützte, diese Einfriedung der Vollkommenheit. Er enthält den Tod.

Zwischen Leben und Tod, zwischen den schlingenden Karpfenmäulern und den langsam verwesenden Pflanzen – wofür entscheidest du dich? Welches von beidem reizt dich weniger zum Erbrechen?

Ich überlege nicht länger. Ich zittere. Mein Blick sinkt wieder zu den Tiermäulern hinab. Ich friere. Mir wird schlecht. Die Beine tragen mich nicht mehr. Ich widerstrebe nicht länger. Hypnotisiert lasse ich mich in das Becken fallen.

Mein Kopf schlägt auf den steinernen Boden auf. Der Schmerz vergeht fast augenblicklich. Mein Körper, vom Willen unabhängig geworden, dreht sich in die Horizontale, wie wenn ich in halber Tiefe, einen Meter unter Wasser, den Toten Mann machte. Und da rühre ich mich nicht mehr. Das Wasser ringsum kommt zur Ruhe. Meine Angst hat sich aufgelöst. Ich fühle mich sehr wohl.

Komisch, letztes Mal, als ich beinah ertrunken wäre, lehnte sich etwas in mir dagegen auf, wütete und wollte um jeden Preis davonkommen. Nichts dergleichen jetzt. Klar, ich hab es ja selbst so gewollt. Ich spüre nicht mal die Atemnot.

Mit wohliger Gelassenheit blicke ich durch die Wasseroberfläche zum Himmel auf. Das Sonnenlicht ist niemals schöner als aus der Sicht unter Wasser. Schon als ich das erste Mal unterging, war mir dies aufgefallen.

Ich fühle mich wohl. Ich habe mich noch nie so wohl gefühlt. Die Welt, von hier aus gesehen, gefällt mir ausgezeichnet. Das flüssige Element hat mich schon so in sich aufgenommen, daß ich keinerlei Wirbel mehr hervorrufe. Die Karpfen, verstört durch meine zudringliche Annäherung, haben sich in einer Ecke zusammengedrängt und rühren sich nicht mehr. Das Flüssige ist fest geworden in der Stille des stehenden Gewässers, die mir gestattet, die Bäume im Garten wie durch ein riesiges Monokel zu betrachten. Ich beschließe, nur noch die Bambusbäume anzusehen; nichts in unserem Universum verdient mehr Bewunderung als sie. Die meterdicke Wasserschicht, die mich von ihnen trennt, steigert noch ihre Schönheit.

Ich lächle glückselig.

Plötzlich schiebt sich etwas zwischen die Bambusse und mich, eine schmale menschliche Silhouette, die sich zu mir herunterbeugt. Verdrossen denke ich mir, daß mich da jemand herausfischen will. Nicht mal umbringen kann man sich in aller Ruhe.

Aber nein. Durch das Wasserprisma erkenne ich nach und nach die Züge des Menschen, der mich hier entdeckt hat: Es ist Kashima-san. Sogleich habe ich keine Furcht mehr. Sie ist eine echte Japanerin aus der alten Zeit, und obendrein haßt sie mich: zwei gute Gründe, warum sie mich nicht retten wird.

Tatsächlich. Kashima-sans vornehmes Gesicht bleibt unbewegt. Ohne sich zu rühren, blickt sie mir in die Augen. Ob sie sehen kann, daß ich zufrieden bin? Ich weiß es nicht. Wie soll man wissen, was im Kopf einer Japanerin aus der alten Zeit vorgeht?

Eines ist gewiß: Diese Frau wird mich dem sicheren Tod überlassen.

Auf halbem Weg zwischen dem Jenseits und dem Garten spreche ich lautlos in mich hinein:

»Ich wußte doch, daß wir uns am Ende verstehen würden, Kashima-san. Jetzt geht alles gut. Als ich im Meer unterging und die Leute am Strand sah, die mir zuschauten und keinen Versuch machten, mich zu retten, da wurde mir ganz elend. Dir verdanke ich jetzt, daß ich sie verstehe. Sie blieben ebenso gelassen wie du. Sie wollten die Weltordnung nicht stören, die meinen Tod im Wasser gebietet. Sie wußten, daß es nichts nützte, mich zu retten. Wer ertrinken soll, wird ertrinken. Der Beweis ist, daß meine Mutter mich damals aus dem Wasser gezogen hat, in dem ich mich nun wieder befinde.«

Ob es eine Illusion ist? Mir scheint, Kashima-san lächelt.

»Du lächelst mit Recht. Wenn jemandes Schicksal sich erfüllt, muß man lächeln. Es freut mich zu wissen, daß ich nie wieder die Karpfen füttern und Japan niemals verlassen werde.«

Dieses Mal sehe ich es deutlich: Kashima-san lächelt – endlich lächelt sie mir einmal zu –, und dann geht sie ohne Eile davon. Von nun an bin ich mit dem Tod ganz allein. Ich habe die Gewißheit, daß Kashima-san niemanden verständigen wird. Ich habe recht.

Das Verrecken dauert seine Zeit. Ich bin seit einer Ewigkeit unter Wasser. Ich denke wieder an Kashima-san. Nichts ist faszinierender als die Miene eines Menschen, der einen sterben sieht, ohne einen Rettungsversuch zu machen. Sie hätte nur die Hand ins Becken tauchen müssen, um ein dreijähriges Kind ins Leben zurückzuholen. Aber hätte sie es getan, sie wäre nicht Kashima-san gewesen.

Was mich bei dem, was passiert, am meisten erleichtert, ist der Gedanke, daß ich vor dem Tod keine Furcht mehr haben werde.

1945 ist auf der südjapanischen Insel Okinawa etwas geschehen – was eigentlich? Ich finde kein Wort, um es zu bezeichnen.

Es war kurz nach der Kapitulation. Die Bewohner von Okinawa wußten, daß der Krieg verloren war und daß die Amerikaner, die schon auf der Insel gelandet waren, das ganze Gebiet besetzen würden. Sie wußten auch, daß die neueste Anordnung die Einstellung des Kampfes befahl.

Mehr wußten sie nicht. Ihre Führer hatten ihnen früher versichert, daß die Amerikaner sie allesamt umbringen würden, und bei dieser Überzeugung waren die Bewohner der Insel geblieben. Als die weißen Soldaten vorzumarschieren begannen, begann die Bevölkerung zurückzuweichen. Und je weiter der siegreiche Feind vordrang, desto weiter waren sie zurückgewichen. Und schließlich waren sie zum äußersten Ende der Insel gekommen, die in eine lange, weit ins Meer vorspringende Steilküste ausläuft. Und weil sie überzeugt waren, daß man sie umbringen werde, hatte die ungeheure Mehrheit unter ihnen sich von den Klippen herab in den Tod gestürzt.

Die Felswand war sehr hoch, und das Wasser zu ihren Füßen war voller scharfkantiger Riffe. Von denen, die sich hinabstürzten, blieb keiner am Leben. Als die Amerikaner ankamen, waren sie entsetzt über das, was sie dort vorfanden.

1989 habe ich diese Steilküste besucht. Nichts, keine Gedenktafel oder auch nur ein Schild weist darauf hin, was dort geschehen ist. Tausende von Menschen haben sich binnen weniger Stunden umgebracht, ohne daß es den Ort berührt zu haben scheint. Das Meer hat die auf den Felsen zerschmetterten Körper verschlungen. Der Tod im Wasser ist in Japan noch immer geläufiger als der durch *seppuku.*

Es ist unmöglich, an diesem Ort zu stehen, ohne daß man versucht, sich in die Haut derer zu versetzen, die sich hier gemeinsam den Tod gegeben haben. Viele von ihnen haben es wahrscheinlich aus Furcht vor Folterungen getan. Wahrscheinlich ist auch, daß die Schönheit des Ortes viele zu einer solchen Tat ermutigt hat, die eine edle patriotische Pflichterfüllung symbolisierte.

Nichtsdestoweniger gilt für diese Hekatombe als erstes folgender Satz: Von dieser prächtigen Felswand herab haben Tausende sich in den Tod gestürzt, weil sie nicht getötet werden wollten; Tausende haben sich getötet, weil sie den Tod fürchteten. Darin liegt für mich die beklemmende Logik der Paradoxie.

Es geht nicht darum, eine solche Tat zu billigen oder zu verdammen. Den Leichen von Okinawa wäre es ohnehin egal. Aber ich bleibe dabei, daß der beste Grund für die Selbsttötung die Todesfurcht ist.

Mit drei Jahren weiß ich von alledem nichts. Ich bin darauf gefaßt, im Karpfenteich zu verrecken. Der große Augenblick muß schon recht nahe sein, denn mein Leben beginnt an mir vorüberzuziehen. Liegt es daran, daß dies Leben so kurz war? Es gelingt mir nicht, seine einzelnen Momente ins Auge zu fassen. Es ist, als säße man in einem Zug, der so schnell fährt, daß man die Namen der keines Halts gewürdigten Bahnhöfe nicht lesen kann. Mir ist es egal. Ich versinke in eine wundervolle Furchtlosigkeit.

Die dritte Person Singular ergreift wieder Besitz von dem »Ich«, dessen ich mich seit sechs Monaten bedient habe. Das Ding, das immer weniger Leben in sich hat, spürt, wie es wieder zu der Röhre wird, die zu sein es vielleicht nie aufgehört hat.

Bald wird der Körper nur noch eine Röhre sein. Er wird sich von dem geliebten todbringenden Element durchdringen lassen. Ihrer unnützen Funktionen ledig geworden, wird die Kanalisation endlich dem Wasser – und nichts anderem – freien Durchlauf gewähren.

Plötzlich packt eine Hand das sterbende Bündel bei der Haut des Halses, schüttelt es brutal und liefert es schmerzhaft wieder der ersten Person Singular aus.

Luft dringt in meine Lungen, die sich schon wie Kiemen verhalten hatten. Es tut weh. Ich brülle. Ich bin am Leben. Die Augen werden mir wiedergegeben. Ich sehe, daß es Nishio-san ist, die mich aus dem Wasser gezogen hat.

Sie schreit, sie ruft um Hilfe. Sie ist am Leben, sie auch. Mich in den Armen, rennt sie ins Haus. Sie findet meine Mutter, die bei meinem Anblick ruft:

– Sofort nach Kobe ins Krankenhaus!

Nishio-san rennt mit ihr bis zum Wagen. In einem Kauderwelsch aus Japanisch, Französisch, Englisch, Seufzen und Stöhnen macht sie ihr klar, in welchem Zustand sie mich herausgefischt hat.

Mama wirft mich auf den Rücksitz und fährt ab. Sie rast mit Todesverachtung drauflos, was verrückt ist, wenn man jemandem das Leben retten will. Anscheinend glaubt sie, daß ich bewußtlos war, denn sie erklärt mir, was passiert ist:

– Du hast die Fische gefüttert, dabei bist du ausgerutscht und ins Becken gefallen. Unter normalen Umständen wäre das nicht schlimm, denn du kannst ja schwimmen. Aber bei dem Sturz bist du mit dem Kopf auf den steinernen Grund geprallt und hast die Besinnung verloren.

Ich höre verblüfft zu. Ich weiß ganz genau, daß es so nicht zugegangen ist.

Sie vergewissert sich, indem sie mich fragt:

– Hast du verstanden?

– Ja.

Ich habe verstanden, daß ich ihr die Wahrheit besser nicht sage. Ich habe verstanden, daß es besser ist, sich an diese offizielle Version zu halten. Außerdem weiß ich auch nicht, mit welchen Worten ich ihr das Ganze berichten könnte. Den Begriff Selbstmord kenne ich nicht.

Doch eines will ich klargestellt sehen:

– Ich will nie wieder die Karpfen füttern.

– Natürlich. Ich verstehe. Du hast Angst, wieder ins Wasser zu fallen. Ich verspreche dir, daß du sie nicht mehr zu füttern brauchst.

Immerhin, das hab ich erreicht. Also war meine Tat nicht vergeblich.

– Ich werde dich auf den Arm nehmen, und dann gehen wir und füttern sie zusammen.

Ich schließe die Augen. Nun fängt das alles wieder von vorn an!

Im Krankenhaus bringt meine Mutter mich zur Notaufnahme. Sie sagt zu mir:

– Du hast ein Loch im Kopf.

Das ist mir neu. Ich bin entzückt und möchte mehr darüber wissen.

– Wo denn?

– An der Schläfe, wo du aufgeprallt bist.

– Ein großes Loch?

– Ja, du verlierst viel Blut.

Sie legt mir die Finger an die Schläfe und zeigt mir, daß sie mit Blut bedeckt sind. Fasziniert tupfe ich mit einem Finger in die klaffende Wunde, ohne zu wissen, daß ich damit die eigene Verrücktheit anzeige.

– Da ist ein Riß.

– Ja. Deine Haut ist aufgeplatzt.

Genüßlich betrachte ich mein Blut.

– Ich möchte in einen Spiegel sehen. Ich möchte das Loch in meinem Kopf sehen.

– Beruhige dich!

Die Schwestern kümmern sich um mich und reden beschwichtigend auf meine Mutter ein. Ich höre nicht, was sie sich erzählen. Ich denke an das Loch in meinem Kopf. Wenn ich es schon nicht sehen darf, stelle ich es mir wenigstens vor. Ein Schauer der Verzückung durchläuft mich.

Ich versuche es von neuem mit dem Finger. Ich will durch das Loch in meinen Kopf eindringen und sein Inneres ertasten. Eine Schwester hält mir sachte die Hand fest, um mich daran zu hindern. Nicht mal der eigene Körper gehört einem.

– Sie werden dir das Loch zunähen, sagt meine Mutter.

– Mit Nadel und Faden?

– So ähnlich.

Ich kann mich nicht erinnern, daß man mich betäubt hätte. Ich glaube den Arzt noch über mir zu sehen, wie er mit einem dicken schwarzen Faden und einer Nadel dabei war, das Knopfloch an meiner Schläfe zuzunähen, wie ein Schneider, der bei der Anprobe eines Kleides eine letzte Korrektur vornimmt.

So endete mein erster – und bis heute mein einziger – Suizidversuch.

Ich habe meinen Eltern nie gesagt, daß es kein Unfall war.

Auch von Kashima-sans seltsamer Enthaltung von jeder Reaktion habe ich ihnen nie berichtet. Zweifellos hätte sie sonst Ärger bekommen. Sie haßte mich und muß sich auf meinen baldigen Tod gefreut haben. Ich schließe jedoch die Möglichkeit nicht aus, daß sie den wahren Charakter meiner Tat erraten hatte und meine Entscheidung respektierte.

Ob es mich ärgerte, daß man mir das Leben gerettet hatte? Ja. Ob ich dennoch erleichtert war, rechtzeitig aus dem Wasser gezogen worden zu sein? Ja. Ich optierte also für die Gleichgültigkeit. Im Grunde war es mir egal, ob ich nun tot oder lebendig war. Der Ausgang war unentschieden.

Noch heute sehe ich nicht klar: Wäre es besser

gewesen, mein Weg hätte Ende August 1970 in dem Karpfenteich ein Ende gefunden? Wie soll ich das wissen? Mein Dasein hat mich nie gelangweilt, aber wer sagt mir, ob es nicht auf der andern Seite interessanter gewesen wäre?

Es ist nicht allzu wichtig. Die Rettung ist ohnehin nur ein Aufschub. Eines Tages wird keine Fristverlängerung mehr möglich sein, und auch Menschen mit den besten Absichten von der Welt können nichts daran ändern.

An eines erinnere ich mich mit Gewißheit: daß ich mich wohl fühlte, als ich unter Wasser lag.

Manchmal frage ich mich, ob ich nicht geträumt habe, ob dieses Ur-Abenteuer nicht nur in meiner Vorstellung stattgefunden hat. Dann betrachte ich mich im Spiegel und sehe an der linken Schläfe eine vielsagende Narbe.

Dann ist nichts weiter passiert.